Smarte Kommune

Ilona Benz

Smarte Kommune

Kleine Gemeinden auf dem Weg zur Smart City

Ilona Benz
Geschäftsführung
KL.digital GmbH
Kaiserslautern, Deutschland

ISBN 978-3-658-42887-7   ISBN 978-3-658-42888-4   (eBook)
https://doi.org/10.1007/978-3-658-42888-4

Die Deutsche Nationalbibliothek verzeichnet diese Publikation in der Deutschen Nationalbibliografie; detaillierte bibliografische Daten sind im Internet über http://dnb.d-nb.de abrufbar.

Planung/Lektorat: Rolf-Guenther Hobbeling
Springer Gabler ist ein Imprint der eingetragenen Gesellschaft Springer Fachmedien Wiesbaden GmbH und ist ein Teil von Springer Nature.
Die Anschrift der Gesellschaft ist: Abraham-Lincoln-Str. 46, 65189 Wiesbaden, Germany

Das Papier dieses Produkts ist recyclebar.

Für meine Familie

Geleitwort

Nachdem sich die digitale Transformation lange Zeit vorrangig nur im privaten Sektor abzuspielen schien, konnten in den letzten Jahren auch bei der Digitalisierung auf kommunaler Ebene größere Fortschritte erzielt werden. Starke Impulse gingen dabei vom Onlinezugangsgesetz und verschiedenen Förderprogrammen im Infrastrukturbereich sowie vom DigitalPakt Schule aus. Auch der Gemeindetag Baden-Württemberg hat die Digitalisierung schon sehr früh zu einem Schwerpunkt der Verbandsarbeit erklärt und seine Mitgliedskommunen auf vielfältige Art und Weise auf ihrem Weg zur digitalen Zukunftskommune unterstützt. Die dabei erzielten Fortschritte waren für die Kommunen nur durch große eigene Anstrengungen erreichbar. Denn Digitalisierung kostet nicht nur Geld, sondern bedeutet auch Veränderung und stößt deshalb nicht überall und uneingeschränkt auf Zustimmung.

Heute muss festgestellt werden, dass die Städte und Gemeinden trotz unübersehbarer Fortschritte noch große Aufgaben und Herausforderungen vor sich haben. Der in deutschen Kommunen erreichte Digitalisierungsgrad genügt den Ansprüchen der Bürgerinnen und Bürger an einen modernen Staat nicht einmal annähernd. Noch immer werden die Möglichkeiten der Digitalisierung nicht ausreichend ausgeschöpft, um etwa Wartezeiten in der Antragsbearbeitung zu verkürzen, die Bedürfnisse der Bürgerinnen und Bürger bei der Gemeindeentwicklung besser zu berücksichtigen oder in Beteiligungsverfahren der stillen Mehrheit ein niedrigschwelliges Angebot zur Mitwirkung zu machen. Die Verwaltungsrealität entspricht an vielen Stellen nicht mehr der Lebensrealität der Mitglieder dieser Gesellschaft. Diese Dissonanz stößt zunehmend auf Unverständnis und im schlimmsten Fall auf Ablehnung alles Staatlichen. Das geht besser. Viele positive Beispiele sind dafür überzeugende Belege.

Klar ist auch, dass sich ein moderner Staat nur über die Kommunen und ganz besonders über die bundesweit rund 10.000 Gemeinden in der Größenklasse bis 20.000 Einwohner flächendeckend realisieren lässt. Lösungen und Herangehensweisen, die in großen Städten gut funktionieren, können dabei nicht eins zu eins auf einwohnerschwächere Gemeinden übertragen werden. Letztere sind viel stärker auf niedrigschwellige und von Pragmatismus gekennzeichnete Ansätze angewiesen, die weniger den großen Wurf, als kleine und kontinuierliche Verbesserungen anstreben.

Deshalb braucht es Bücher wie dieses. Es braucht Anleitungen und praktische Hinweise von denjenigen, die um die Besonderheiten in kleinen Gemeinden wissen und die ein Gefühl für die praktische Umsetzbarkeit verschiedener Lösungsansätze ebenso wie die Übertragbarkeit von guten Beispielen in einwohnerschwächere Kommunen haben. Kurzum: Es braucht Empfehlungen, die nicht aus der Sender-, sondern der Adressatenperspektive gedacht sind. Aus diesem Grund unterstütze ich als Ehrenpräsident des Gemeindetags Baden-Württemberg e. V. dieses Buch und wünsche mir, dass die darin enthaltenen Gedanken weite Verbreitung in der kommunalen Familie finden und möglichst vielen Kommunen einen gangbaren Weg in die eigene digitale Zukunft aufzeigen werden. Zukunftsfähige Gemeinden brauchen Verantwortliche, die die Digitalisierung nicht als aufoktroyierte Zusatzbelastung verstehen, sondern sie aus eigener Überzeugung kraftvoll und verantwortungsbewusst vorantreiben. Möge diesen Menschen dieses Buch Inspiration, Orientierung, Anleitung und Bestärkung zugleich sein.

Roger Kehle
Ehrenpräsident des Gemeindetags
Baden-Württemberg e. V.

Vorwort

Das Konzept der Smart City wird seit mehr als 10 Jahren von Städten rund um den Globus praktisch bearbeitet und von der Wissenschaft beforscht. Speziell im bundesdeutschen Raum war die Smart City unter den insgesamt rund 11.000 deutschen Kommunen lange Zeit jedoch überwiegend ein Nischenthema für wenige Großstädte und Metropolen. Spürbar dynamischer wurde die Lage in Deutschland erst mit dem Start des Förderprogramms „Modellprojekte Smart Cities – Stadtentwicklung und Digitalisierung" des Bundesministeriums für Wohnen, Stadtentwicklung und Bauwesen (zuvor des Bundesministeriums des Innern, für Bau und Heimat) im Jahr 2019. Mit einem Gesamtfördervolumen von 820 Millionen Euro für insgesamt 73 Modellvorhaben einschließlich wissenschaftlicher Begleitung hat der Bund damit einen starken förderpolitischen Impuls zur Auseinandersetzung mit einem zentralen Thema im weiten Feld der kommunalen Digitalisierung gesetzt.

Nun ist die kommunale Familie indes eine sehr heterogene Gruppe, sodass ein näherer Blick auf die Zusammensetzung der 73 Modellvorhaben lohnt. 29 Kommunen werden darunter als Großstädte, 12 als Mittelstädte und lediglich 10 als Kleinstädte und Landgemeinden ausgewiesen. Die übrigen Modellvorhaben sind Landkreise oder interkommunale Kooperationen (die ihrerseits wiederum Kleinstädte und Landgemeinden einschließen). Ein solches Verhältnis zwischen Klein- und Groß- oder Mittelstädten ist in staatlichen Programmen zur Förderung der Digitalisierung in Kommunen ebenso wie in privatwirtschaftlichen Initiativen dieser Art sowie in Forschungsprojekten regelmäßig anzutreffen. Kleine Kommunen sind nur selten Teil smarter Vorhaben und Programme. Dementsprechend empfindet die Mehrzahl kleiner Gemeinden im bundesdeutschen Raum den Smart-City-Diskurs noch immer überwiegend als fremd.

Aufgrund der enormen Unterschiede in Ressourcenverfügbarkeiten, der Akteurslandschaft, der Verwaltungsstruktur und den lokalen Herausforderungen können Erfahrungen, Lösungen oder Prototypen aus der Umsetzung von Smart-City-Projekten oder -strategien in Groß- und Mittelstädten jedoch nicht eins zu eins auf kleine Gemeinden übertragen werden. Das Narrativ der Smart City muss von dieser Zielgruppe eigenständig in den örtlichen Kontext übersetzt werden, um dessen Potentiale für die Sicherstellung der kommunalen Daseinsvorsorge sowie die Erfüllung kommunaler Aufgaben fruchtbar zu machen.

Dieses Buch möchte dazu einen Beitrag leisten. Es soll eine Hilfestellung für Digitalisierungsverantwortliche und Führungskräfte in Gemeinden insbesondere in der Größenklasse bis etwa 20.000 Einwohnerinnen sein, die ihre Kommune zur Smart City (weiter)entwickeln möchten. Das Buch basiert inhaltlich auf meiner ebenfalls im Verlag Springer Gabler veröffentlichten Dissertation. In Abgrenzung zur Dissertation ist dieses Buch als Praxisleitfaden für kommunale Führungskräfte, Praktikerinnen und Expertinnen aufbereitet. Die Datengrundlage für die in diesem Buch formulierten Erkenntnisse und Handlungsempfehlungen bildet eine im September 2019 durchgeführte empirische Erhebung in 9 baden-württembergischen Pilotkommunen bis 20.000 Einwohnerinnen, die in den Jahren 2017 bis 2019 einen partizipativen Prozess zur Entwicklung einer kommunalen Digitalisierungsstrategie durchlaufen haben. Ergänzend fließen meine praktischen Erfahrungen aus der Begleitung von Digitalisierungsprozessen in kleinen Gemeinden ein, die ich im Rahmen meiner Tätigkeit für den Gemeindetag Baden-Württemberg e. V. über mehr als fünf Jahre lang sammeln durfte.

Zur besseren Lesbarkeit (und Vereinfachung des Sprachduktus) wird in diesem Buch durchgängig nur eine Form der Geschlechter verwendet, nämlich die weibliche. Dabei sind stets alle geschlechtlichen Identitäten mitgemeint (generisches Femininum).

Kaiserslautern   Ilona Benz
im August 2023

Inhaltsverzeichnis

Über die Autorin

 **Dr. Ilona Benz** ist Geschäftsführerin der städtischen Digitalisierungsagentur KL.digital GmbH und Chief Digital Officer der Stadt Kaiserslautern. Unter der Dachmarke „Herzlich digital" treibt sie gemeinsam mit ihrem Team den Digitalisierungsprozess in der bundesgeförderten Smart City Kaiserslautern voran.

Zuvor hat sie als Leiterin der Stabsstelle Digitalisierung beim Gemeindetag Baden-Württemberg e. V. mehr als fünf Jahre lang kleine Gemeinden des ländlichen Raums auf ihrem Weg in die digitale Zukunft begleitet. Ihre ebenfalls im Verlag Springer Gabler erschienene Dissertation widmet sich als bundesweit erste Promotionsarbeit der Nutzbarmachung des Konzepts der Smart City für kleine Gemeinden des ländlichen Raums aus einer kommunalen – nicht technikbezogenen – Perspektive.

Sie publiziert regelmäßig zu Themen der kommunalen Digitalisierung in Fachzeitschriften und Herausgeberwerken, ist als Kolumnistin für das Fachmagazin KOMMUNAL tätig und spricht auf Podien als Expertin zur digitalen Transformation in Kommunen.

Abkürzungsverzeichnis

Abb.	Abbildung(en)
Abs.	Absatz
Abschn.	Abschnitt
BBSR	Bundesinstitut für Bau-, Stadt- und Raumforschung
BMDV	Bundesministerium für Digitales und Verkehr
BMI	Bundesministerium des Innern und für Heimat
BMWK	Bundesministerium für Wirtschaft und Klimaschutz
BMWSB	Bundesministerium für Wohnen, Stadtentwicklung und Bauwesen
CDO	Chief Digital Officer
CIO	Chief Information Officer
CUO	Chief Urban Officer
Difu	Deutsches Institut für Urbanistik gGmbH
DIZ	Digitalzentrum
ebd.	ebenda
EDV	elektronische Datenverarbeitung
EU	Europäische Union
e. V.	eingetragener Verein
FabLab	Fabrication Laboratory (deutsch: Fabrikationslabor)
GemO BW	Gemeindeordnung für Baden-Württemberg
GG	Grundgesetz
gGmbH	gemeinnützige Gesellschaft mit beschränkter Haftung
GmbH	Gesellschaft mit beschränkter Haftung
GmbHG	Gesetz betreffend die Gesellschaften mit beschränkter Haftung
Gov	Government (deutsch: Regierung, Staat)
GWB	Gesetz gegen Wettbewerbsbeschränkungen
IKT	Informations- und Kommunikationstechnologie

INSEK	integriertes (nachhaltiges) Stadtentwicklungskonzept
IT	Informationstechnik
KAAW	(Zweckverband) Kommunale ADV-Anwendergemeinschaft West
Kap.	Kapitel
KL	Kaiserslautern
KTS	Koordinierungs- und Transferstelle für die „Modellprojekte Smart Cities"
Lab	Laboratory (deutsch: Labor)
NYC	New York City
OB	Oberbürgermeisterin/nen
OGI	offene gesellschaftliche Innovation
OZG	Gesetz zur Verbesserung des Onlinezugangs zu Verwaltungsleistungen (Onlinezugangsgesetz)
PD	Partnerschaft Deutschland – Berater der öffentlichen Hand GmbH
S.	Seite(n)
Tab.	Tabelle(n)
TosiT	The Open Societal Innovation Toolbox (deutsch: Werkzeugkasten für offene gesellschaftliche Innovation)
u.	und
u. a.	unter anderem
vgl.	vergleiche
VUKA	Volatilität, Unsicherheit, Komplexität, Ambiguität

Abbildungsverzeichnis

Tabellenverzeichnis

Kein digitaler Staat ohne smarte Kommunen

Warum Städte und Gemeinden eine zentrale Rolle für das Gelingen der digitalen Transformation in Deutschland spielen

Der Weg einer Gemeinde zur smarten Kommunen beginnt mit einem Schritt zurück. Es ist wichtig, sich vor Beginn eines langen und mühsamen Weges klarzumachen, warum man eine Reise antritt. Wer zu Beginn eine starke Vision ausbuchstabiert, wird sein Durchhaltevermögen auch dann nicht verlieren, wenn Hindernisse und Rückschläge an der Motivation nagen. Zuerst ist also die Frage nach dem „Warum" zu beantworten. Warum sollte eine Gemeinde „smart" werden? Wie sich in den folgenden Zeilen zeigen wird, hat diese Frage viel mit Verantwortung zu tun.

Dieses Kapitel könnte mit einer schier endlosen Aufzählung von Studien, Umfrageergebnissen, Medienberichten, Transkripten politischer Reden oder Expertinneninterviews beginnen, die alle im Kern eine Botschaft vermitteln: Digitale Transformation findet statt – nur nicht in der öffentlichen Verwaltung in Deutschland. Die Wirklichkeit in den Amtsstuben der Städte, Gemeinden, Landkreise, Landes- und Bundesbehörden entfernt sich immer weiter von der Lebensrealität der Menschen. Berichte über die Arbeitsweise in der öffentlichen Verwaltung muten zuweilen wie Erzählungen aus einer Parallelwelt an: Faxe, Umlaufmappen, Aktendeckel, ausgedruckte und wiedereingescannte E-Mails und verschiedenfarbige Stifte. Es mehren sich die Meldungen, wonach Behörden aufgrund von Personalmangel in Kombination mit einer rückständigen Arbeitsweise nicht mehr in der Lage sind, ihre Aufgaben angemessen zu erfüllen. Im Zuge der Flüchtlingskrise waren davon die Ausländerbehörden und während der Corona-Krise die Gesundheitsämter betroffen, als jüngstes Beispiel können die Sozialämter im Kontext der Wohngeldreform genannt werden. Wie Verwaltungsmitarbeitende wissen, braucht es jedoch nicht erst eine handfeste Krise, um die Verwaltung unter Druck zu setzen. Weil die öffentliche Verwaltung personell und finanziell an vielen Stellen auf Kante genäht ist, sind schon kurzfristige gesetzgeberische Aktivitäten, externe

I. Benz, *Smarte Kommune*, https://doi.org/10.1007/978-3-658-42888-4_1

Effekte oder auch nur eine Verkettung unglücklicher Umstände ausreichend. Direkt von einer nur noch eingeschränkt funktionierenden Verwaltung betroffene Bürgerinnen und Unternehmen geraten dann in ernsthafte finanzielle oder anderweitige Schwierigkeiten.

Neben den zweifelsohne schwerwiegenden individuellen Schäden unmittelbar Betroffener, entsteht aus diesen Entwicklungen zugleich jedoch auch eine große gesellschaftliche Gefahr. Wenn Behörden ihre Aufgaben nicht mehr erfüllen (können), geht Vertrauen in staatliche Institutionen und demokratische Verfahren verloren. Eine Demokratie ist nur so stark, wie das institutionelle Vertrauen ihrer Staatsbürgerinnen. Es geht bei den Themen Verwaltungsmodernisierung, Digitalisierung und Smart City also um mehr als das Image von Amtsstuben in der Öffentlichkeit. Es geht um mehr als Modethemen und politische Sonntagsreden. Jedes Amt, jede Behörde und jede Verwaltungseinheit, einschließlich der dort arbeitenden Menschen, trägt Verantwortung für die Demokratie und das Gemeinwesen in Deutschland. Wenn Organisationsversagen die Demokratie schwächt, ist die Reduzierung auf einen Imageschaden der öffentlichen Verwaltung zu kurz gedacht. Institutionelles Vertrauen hängt unmittelbar mit Politikverdruss und Populismus und damit auch mit Wahlergebnissen zusammen.

Bürgerinnen erleben Verwaltung in erster Linie vor Ort. Die meisten Menschen assoziieren „den Staat" mit dem Rathaus in ihrer Gemeinde. Als bürgernahe Ebene prägen die Kommunen damit ganz entscheidend das Bild des Staates bei den Bürgerinnen. Deshalb kann ein digitaler Staat niemals ohne smarte Kommunen funktionieren. Deshalb trägt die Kommunalverwaltung eine besondere Verantwortung für das Gelingen der digitalen Transformation in Deutschland. Die Anstrengungen einer Gemeinde auf dem Weg zur smarten Kommune zielen also darauf ab, unter stark veränderten und verschärften Rahmenbedingungen in allen Bereichen kommunaler Aufgabenerfüllung Handlungsfähigkeit (wieder)zuerlangen. Kommunale Aufgabenerfüllung meint dabei nicht ausschließlich Verwaltungshandeln im engeren Sinn. Es geht nicht nur um digitale Bürgerservices oder die Digitalisierung interner Prozesse mit elektronischen Akten und Workflows. Vielmehr sind davon alle Leistungen umfasst, die eine Gemeinde verpflichtend oder freiwillig gegenüber ihren Bürgerinnen und Unternehmen erbringt. Besonders relevant sind Leistungen der Daseinsvorsorge.

In Zeiten, die durch Volatilität, Unsicherheit, Komplexität, Mehrdeutigkeit und vielfältige Mangelzustände geprägt sind, müssen Digitalisierung, Automatisierung, Offenheit und Agilität Einzug in die Verwaltung und kommunale Unternehmen halten. Dies erfordert, dass in den Gemeinden verstärkt auf evidenzbasierte Planungen und (politische) Entscheidungen auf der Grundlage einer guten Datenbasis gesetzt und die Durchlässigkeit von Verwaltung, Politik, Wirtschaft, Wissenschaft und Zivilgesellschaft gefördert wird. Gemeinschaftliche Aufgabenerfüllung durch mehr Transparenz, Partizipation, Kooperation, Kollaboration und Ko-Kreation sind weitere Stichworte. Im Kern steht die smarte Kommune also für eine zukunftsfähige Gemeinde, die auch unter sich schnell verändernden Rahmenbedingungen in der Lage ist, den Bürgerinnen ein gutes Leben und den Unternehmen ein erfolgreiches Wirtschaften vor Ort zu ermöglichen. Was das alles im Kontext kleiner Gemeinden konkret bedeutet, wird in den folgenden Kapiteln Schritt für Schritt erarbeitet.

Smart City für kleine Gemeinden

Das Narrativ der Smart City ist im Umfeld der Großstädte und Metropolen beheimatet. Dort wurde es entwickelt und wird es bis heute am meisten bearbeitet. Eine allgemeingültige Definition des Smart-City-Begriffs existiert allerdings bis heute nicht (Nam & Pardo, 2011, S. 283; Caragliu et al., 2009, S. 47). Gemeinsamer Kern einschlägiger Smart-City-Definitionen ist die Zielstellung der Nutzung von Informations- und Kommunikationstechnologie (IKT) zum effizienteren Einsatz von natürlichen Ressourcen sowie zur Steigerung von Lebensqualität und Standortattraktivität in der Stadt (dazu ausführlich Cocchia, 2014, S. 31). Inhaltliche Schärfung erfahren die verschiedenen vorgeschlagenen Smart-City-Definitionen durch eine Reihe von Handlungsfeldern (auch als Kernkomponenten, Lebensbereiche oder Dimensionen bezeichnet). Häufig verwendet werden die Bereiche Bildung, Mobilität, Energie, Governance, Umwelt, Wirtschaft, Infrastruktur und Technologie (exemplarisch Giffinger et al., 2007).

Mit den Konzepten Smart Village und Smart Region gibt es zwar erste Versuche zur Übersetzung des Smart-City-Narrativs in kleinere Gemeinden und den ländlichen Raum. Jedoch sind beide Modelle aus verschiedenen Gründen nicht dazu geeignet, den konzeptionellen Rahmen für smarte Aktivitäten bundesdeutscher Gemeinden bis 20.000 Einwohnerinnen im ländlichen Raum zu bilden. So hat das Smart Village auch infolge seiner starken Verbreitung in Indien, Asien, Mexiko, Südamerika und Afrika eher eine Prägung als Bestandteil der Programmatik klassischer Entwicklungshilfe. Internationale Ansätze lassen darüber hinaus die nationalen Besonderheiten unberücksichtigt, in die deutsche Kommunen eingebunden und die für sie leitend sind. Beispielhaft seien der Föderalismus und das Prinzip der kommunalen Selbstverwaltung genannt. Demgegenüber dient die Smart Region häufig als Dach für smarte Projekte von Landkreisen oder interkommunalen

Zusammenschlüssen und bezieht sich damit regelmäßig nicht auf die Situation einer einzelnen kleinen Gemeinde im ländlichen Raum.

Zur Selbsteinordnung kleiner ländlich geprägter Gemeinden in den Smart-City-Diskurs bedarf es deshalb eines eigenen Narrativs. Als ersten Schritt hin zum eigenen Narrativ soll der Begriff der „smarten Kommune" (Benz, 2023) eingeführt und wie folgt definiert werden:

▶ **Definition „smarte Kommune"**

> „Eine Kommune, die smart ist, ist eine kleine Stadt oder Gemeinde mit ländlicher Prägung. Das Adjektiv ‚smart' beschreibt die Art der Governance und der technischen Vernetzung der Kommune. Ziele der smarten Kommune sind die Erfüllung kommunaler Aufgaben, eine nachhaltige Entwicklung sowie die Verbesserung von Lebensqualität und von Standortattraktivität. Zur Zielerreichung nutzt die smarte Kommune die Innovationskraft ihrer Einwohner sowie die Möglichkeiten der IKT" (Benz, 2023, S. 93).

Der in der Definition verwendete Einwohnerbegriff nimmt Bezug auf § 10 der Gemeindeordnung für Baden-Württemberg (GemO BW) und meint auch örtliche Unternehmen mit Sitz im Gemeindegebiet.

2.1   Smart werden wofür?

Die Ziele der smarten Kommune

Von den zahlreichen, zur Schärfung des Smart-City-Begriffs vorgeschlagenen Definitionen, unterscheidet sich die in Kap. 2 genannte Definition der smarten Kommune insbesondere in ihren Zielen. So wird die Erfüllung kommunaler Aufgaben nicht etwa als Teilmenge des Ziels „Verbesserung von Lebensqualität und von Standortattraktivität" betrachtet, sondern zu einem eigenen und gleichwertigen Ziel erklärt. Dies ist insbesondere aus verfassungsrechtlichen Gründen geboten. So obliegt deutschen Kommunen gemäß § 28 Abs. 2 Grundgesetz (GG) der Auftrag zur „Regelung der Angelegenheiten der örtlichen Gemeinschaft". Eine besondere Verantwortung besteht dabei zur Erfüllung von Aufgaben der kommunalen Daseinsvorsorge und anderen Pflichtaufgaben. Weiterhin sind die Auswirkungen von Gebietsreformen der 1970er Jahre bis heute fest im kommunalen Gedächtnis verankert, sodass einer qualitätsvollen und effizienten Aufgabenerfüllung eine übergeordnete Relevanz zukommt.

Diese Zielbestimmung erfolgt deshalb, weil sie Auswirkungen auf die bei der Auswahl von inhaltlichen Handlungsfeldern prioritär in den Blick zu nehmenden

Themen entfaltet. In Smart-City-Konzepten ist immer wieder festzustellen, dass das technisch Mögliche die Identifizierung von Handlungsbereichen und Einzelprojekten dominiert. Es geht häufig vorrangig darum, bestimmte Technologien in städtischen Anwendungsszenarien zu erproben. Dies geschieht selbstverständlich auch mit dem Ziel der Effizienzsteigerung und damit der Sicherstellung der Aufgabenerfüllung, jedoch steht dieser Aspekt nicht am Anfang und nicht im Zentrum der Projektauswahl. Diese Vorgehensweise funktioniert für kleine Gemeinden nicht. Aus diesem Grund erhebt die Festlegung des normativen Ziels „Erfüllung kommunaler Aufgaben" das aus kommunaler Sicht Erforderliche – nicht das technisch Mögliche – zum grundlegenden Anspruch des Smarte-Kommune-Begriffs. Dreh- und Angelpunkt in der smarten Kommune ist demnach nicht die Nutzung technischer Möglichkeiten, sondern die Bewältigung von Herausforderungen bei der Erfüllung kommunaler Aufgaben. Diese Fokussierung ist für Gemeinden bis 20.000 Einwohnerinnen deshalb wichtig, weil anders als in großen Städten die vorhandenen Ressourcen (Geld, Personal, Zeit) stärker begrenzt, der Handlungsdruck bei der Sicherstellung einer Grundversorgung mit öffentlichen Dienstleistungen, Einrichtungen und Infrastruktur höher und die Möglichkeiten der Kooperation mit potenten Akteuren aus Wissenschaft und Wirtschaft eingeschränkter sind.

▶ **Empfehlung zur Identifizierung von Handlungsfeldern:** Bei der Identifizierung von Handlungsfeldern und der Auswahl von Einzelmaßnahmen ist grundsätzlich eine Orientierung an den Leistungen der kommunalen Daseinsvorsorge und anderen kommunalen Pflichtaufgaben zu empfehlen.

Die Ziele „Verbesserung von Lebensqualität und von Standortattraktivität" sowie „nachhaltige Entwicklung" sind, wenngleich mit anderer inhaltlicher Bedeutung, auch Teil gängiger Smart-City-Definitionen. So sind Lebensqualität und Standortattraktivität im Kontext kleiner Gemeinden des ländlichen Raums anders zu interpretieren als im städtischen Umfeld. Lebensqualität ist ein offener Begriff und in diesem Sinne keiner starren Definition zugänglich. Zeit, gesellschaftlicher Fortschritt und persönliche Wertentscheidungen beeinflussen das individuelle Verständnis von Lebensqualität (Glatzer, 2015, S. 1–2). Bis heute gibt es keine allgemein anerkannten Dimensionen und Indikatoren zur Messung von Lebensqualität (Glatzer, 2015, S. 2). In Abgrenzung zum Streben nach individuellem Glück konstatierte einst die Bundesregierung, dass es bei Lebensqualität um die Gestaltung von Rahmenbedingungen geht, in denen die Verwirklichung individuellen Glücks möglich wird und zugleich zentrale Gesellschaftsziele wie Teilhabe, Gleichheit und Freiheit erreicht werden können (Presse- & Informationsamt der

Bundesregierung, 2016, S. 5). Im Hinblick auf die smarte Kommune ist mit diesen Rahmenbedingungen insbesondere die Sicherstellung der kommunalen Daseinsvorsorge gemeint (so auch Bauriedl & Strüver, 2018, S. 18). Darüber hinaus formulieren Einwohnerinnen in kleinen ländlich geprägten Gemeinden einige wohnortspezifische Anforderungen an Lebensqualität wie gesunde Umweltbedingungen, die Erreichbarkeit von Einrichtungen der Grundversorgung, sozialer Zusammenhalt, Kultur- und Freizeitangebote sowie Sicherheit (BBSR, 2011, S. 4 und 12–13; Opitz & Pfaffenbach, 2018, S. 173).

Mit Blick auf das weitere Voranschreiten der digitalen Wissensökonomie ist zu erwarten, dass sich die Zieldimensionen Lebensqualität und wirtschaftliche Standortattraktivität kontinuierlich weiter annähern werden. So wird schon heute bei Standortentscheidungen von Unternehmen eine zunehmende Relevanz von Wohn- und Arbeitsortpräferenzen potenzieller Arbeitnehmerinnen beobachtet (Difu, 2017, S. 25). Über Arbeitsplatzangebot und Steuereinnahmen wirkt sich die ökonomische Lage von Standortunternehmen umgekehrt unmittelbar auf den lokalen Wohlstand und die Prosperität der Region aus (Goebel & Hamm, 2010, S. 187). Beide Ziele können daher nur zusammen gedacht und bearbeitet werden.

Während Nachhaltigkeit im Smart-City-Kontext überwiegend einen effizienten Einsatz von natürlichen Ressourcen meint, erfordert die im Rahmen der Begriffsdefinition „smarte Kommune" formulierte Zieldimension einer nachhaltigen Entwicklung eine differenziertere Betrachtung. Nachhaltige Entwicklung zielt im Kern zumindest auf die Bewahrung gleicher Lebenschancen für künftige Generationen (Enquete-Kommission, Schutz des Menschen und der Umwelt – Ziele und Rahmenbedingungen einer nachhaltig zukunftsverträglichen Entwicklung, 1998, S. 24, in diesem Sinne schon United Nations, 1987, Kap. 2, Absatz 1). In der smarten Kommune kann eine nachhaltige Entwicklung über ein ganzes Bündel an verschiedenen Unterzielen angestrebt werden, die an die kommunale Planungshoheit und damit den vorhandenen Handlungsspielraum anknüpfen. Im Einzelnen sind dies Maßnahmen, insbesondere aus den Bereichen der regenerativen Energieversorgung, der klimaverträglichen Verkehrsgestaltung und der nachhaltigen Mobilität, der Ressourceneffizienz bei Gebäuden und Infrastruktur, der Kreislaufwirtschaft und des Flächenverbrauchs. Dieses Maßnahmenbündel bildet alle drei eng miteinander verbundenen Dimensionen von ökologischer, ökonomischer und sozialer Nachhaltigkeit ab (Kleine, 2009, S. 2; Pufé, 2017, S. 100; Brüssel, 2020, S. 84). Freilich muss das Nachhaltigkeitsprinzip auch bei der Digitalisierung selbst umgesetzt werden. In diesem Sinne ist eine nachhaltige digitale Entwicklung erforderlich, die entlang der drei Nachhaltigkeitsdimensionen Herausforderungen „… im Kontext von Gesamtenergieverbrauch, Ressourceneffizienz und Recycling (ökologische digitale Nachhaltigkeit), von technologischer

Abhängigkeit und digitalen Gemeingütern (offene Daten) (ökonomische digitale Nachhaltigkeit) ebenso wie im Zusammenhang mit einer digitalen Spaltung der Gesellschaft (soziale digitale Nachhaltigkeit) [bearbeitet]" (Benz, 2023, S. 92).

2.2   Was bedeutet „Smartness" im kommunalen Kontext?

Clevere Steuerung und intelligente Vernetzung
Dem Adjektiv „smart" wird aufgrund seiner vielfältigen Verwendung eine „enorme semiotische Flexibilität" (Morozov & Bria, 2017, S. 8) zugeschrieben. Begriffe mit synonymer Bedeutung sind etwa intelligent, pfiffig, raffiniert oder geschickt (Wiktionary, 2022; von Lucke, 2016, S. 21). Damit ist der Begriff grundsätzlich positiv belegt und wird häufig mit Innovationen assoziiert (Tomitsch, 2018, S. 16). Innerhalb des Gesamtkonzepts „smarte Kommune" bezieht sich das Attribut „smart" zum einen auf eine clevere Governance, die Kooperation und Kollaboration in der Kommune ermöglicht. Zum anderen erstreckt es sich auf die technologische Sphäre der Gemeinde und meint in diesem Kontext eine intelligente Vernetzung von Netzwerken, Objekten und Systemen.

Staatliche Akteure sind mit traditionellen Prozessen der Entscheidungsfindung, Steuerungsinstrumenten, institutionellen Strukturen, Regeln und Arbeitsweisen zunehmend weniger in der Lage, mit den großen Herausforderungen unserer Zeit angemessen umzugehen (Meijer et al., 2016, S. 648; Willke, 2009, S. 365; Hilgers, 2012, S. 635; Castelnovo et al., 2016, S. 73; Gil-Garcia, 2012, S. 269–270; Janssen & van der Voort, 2016, S. 1). Eine smarte Kommune muss aus diesem Grund auch eine smarte Art der Governance entwickeln, die die Frage der Steuerungsfähigkeit der Gemeinde in einer komplexen, unsicheren, volatilen, ambivalenten (mehrdeutigen) und unbeständigen Umwelt adressiert (Scholl & Scholl, 2014, S. 166). Als Beschreibung des Governance-Begriffs, wie er hier verwendet wird, kann die sehr weite Definition der Weltbank zugrunde gelegt werden:

▶ **Definition „Governance"** Governance ist „… the manner in which power is exercised in the management of a country's economic and social resources for development" (The World Bank, 1991, S. 1).

In einer komplexen Umwelt bedarf es wirksamer Koordination und Kooperation zur gemeinsamen Bearbeitung von Aufgaben. Komplexe Problemlagen überfordern einzelne Akteure mit begrenztem Wissen und einzelne Sektoren mit beschränktem Handlungsspielraum (Willke, 2007, S. 17). Vielmehr müssen in der

Kommune Akteure der Kommunalverwaltung, der Bürgerschaft, der Wirtschaft, der Wissenschaft und der Kommunalpolitik in Projekten, Gremien, Institutionen, Organisationen und informellen Strukturen zusammenwirken, um die grundlegenden Herausforderungen wie die örtliche Klimafolgenanpassung, die Verkehrs- und Energiewende oder den Wohnraummangel bewältigen zu können.

Möglichkeiten des Web 2.0, wie Commons-based Peer Production (deutsch: Allmendefertigung durch Gleichberechtigte) (Benkler, 2006) oder Crowdsourcing (Howe, 2006), erleichtern Partizipation und ermöglichen skalierbare Ko-Produktion und Ko-Kreation bei der Erbringung öffentlicher Dienstleistungen oder der Politikgestaltung (Dunleavy & Margetts, 2015, S. 14–17). Im bundesdeutschen Raum werden Ansätze dieser Art unter dem konzeptionellen Dach von Open Government diskutiert. Ein mittlerweile in zahlreichen Städten und Gemeinden verbreitetes Beispiel für Open Government sind sogenannte Mängelmelder. Oft integriert in Stadt- oder Bürger-Apps sind diese für die Bürgerinnen ein Werkzeug zur Meldung von Mängeln aller Art wie defekten Straßenleuchten oder Ablagerungen von wildem Müll. Auf diese Weise entstehen Ansätze einer gemeinsamen Instandhaltung kommunaler Infrastruktur.

Smarte Governance
Smarte Governance meint eine kooperations- und kollaborationsfördernde Steuerung von Akteurinnen des kommunalen Umfelds durch Nutzung der Möglichkeiten des Web 2.0.

In technischer Hinsicht ist eine Kommune dann smart, wenn sie intelligent vernetzt ist. Intelligente Vernetzung muss dabei groß, nämlich für die Kommune als Gesamtsystem gedacht werden. Es geht im Kern um die Gestaltung der Gemeinde als cyberphysisches System, mit dem eine Überwindung des derzeit bestehenden Bruchs zwischen kommunalen IT-Systemen in Stadtwerken oder Ämtern und der realen Welt erreicht werden soll. Vorfälle und Ereignisse im Gemeindegebiet werden dazu in Echtzeit mit den IT-Systemen verbunden (Mühlhäuser & Encarnação, 2014, S. 14). Dies geschieht über ein Netzwerk von Sensoren und Aktoren, die mit mobilen Endgeräten kommunizieren und über das Internet und Cloud-Dienste miteinander verbunden sind. Der Wert einer so beschaffenen Infrastruktur besteht im Zusammenspiel aus Datenerfassung, Kommunikation, Interaktion, Entscheidung und Steuerung (Cassandras, 2016, S. 156–157). Auf diese Weise werden ganze Städte messbar, bewertbar und schließlich optimierbar (acatech, 2011b,

S. 11–12). Praktische Anwendungsfelder sind beispielsweise die Kapazitätsaus-
lastung von öffentlichen Verkehrsmitteln, die Überwachung des Zustands von
Brücken und Gebäuden oder die Steuerung von Verkehrsflüssen (acatech, 2011a,
S. 13–14; Lee, 2008, S. 1).

> **Intelligente Vernetzung**
> Eine intelligente Vernetzung der Kommune bedeutet ihre Gestaltung als
> cyberphysisches System zur Verbindung kommunaler IT-Systeme mit der
> realen Welt (Mühlhäuser & Encarnação, 2014, S. 14).

2.3   Smart werden in welchen Bereichen?

Handlungsfelder der smarten Kommune

Bereits in Abschn. 2.1 wurde im Zusammenhang mit den übergeordneten Zielen der
smarten Kommune festgestellt, dass bei der Auswahl von Handlungsfeldern eine
Orientierung an den Leistungen der kommunalen Daseinsvorsorge und weiteren
Pflichtaufgaben der Gemeinde geboten ist. Zur Identifizierung der ganzen Vielfalt
an Einzelleistungen, die sich hinter größeren Aufgabenfeldern verbergen, ist eine
Orientierung am kommunalen Haushaltsplan zu empfehlen. Auf Ebene der Bundesländer existieren übergeordnete Rahmenwerke, die die Haushaltsgliederung und
Kontierung in den Kommunen dem Grunde nach vorgeben. In Baden-Württemberg
ist dies der Kommunale Produktplan Baden-Württemberg. Diese Werke sind gewiss
umfangreich, ermöglichen aus Sicht von vergleichsweise jungen Querschnittsthemen ohne originäre Fachverortung wie Smart City jedoch einen sehr guten
Überblick. In sprachlicher Hinsicht ist es ratsam, grundsätzlich möglichst nah an
den Formulierungen des Haushaltsplans zu bleiben. Dies gilt selbst dann, wenn
sich in der Fachöffentlichkeit für bestimmte Aufgabenbereiche bereits neue Begrifflichkeiten etabliert haben und in diesem Umfeld routiniert verwendet werden. So
kennt der Haushaltsplan beispielsweise Begriffe wie Open Government, Datenmanagement oder Open Data nicht. Außerhalb des Expertentums und interessierter
Fachkreise sind diese Begriffe auch in der Breite der Kommunalverwaltung, der
Kommunalpolitik und der Zivilgesellschaft nicht geläufig. Breite Debatten lassen
in der allgemeineren Sprache des kommunalen Haushaltsplans besser und anschau-
licher führen. Ebenfalls sollten Querschnittsbereiche wie Open Government immer
in einem Anwendungskontext bearbeitet werden. Vielfach gelingt der Zugang zu

neuen Konzepten und Technologien leichter über konkrete Anwendungsszenarien anstelle abstrakter Erörterungen auf der Metaebene.

Aus dem Kommunalen Produktplan Baden-Württemberg lassen sich für die smarte Kommune folgende 12 Handlungsfelder destillieren (Handlungsfelder nach Benz, 2023, S. 160):

- Sicherheit, Ordnung und E-Government,
- innere Verwaltung,
- Infrastruktur,
- räumliche Entwicklung,
- Soziales,
- Schule,
- Kinder und Jugend,
- Umwelt,
- Mobilität,
- Wirtschaft,
- Kultur sowie
- Gesundheit und Freizeit.

Innerhalb dieser Handlungsfelder sollten konkrete Einzelmaßnahmen und Projekte insbesondere anhand der Auswirkungen des demografischen Wandels sowie kommunalpolitischer Herausforderungen identifiziert werden. Demografische Effekte beeinflussen die kommunale Aufgabenerfüllung ebenso wie den Bedarf an öffentlichen Dienstleistungen, Einrichtungen und Infrastruktur vielfältig und dauerhaft und spielen bei der Ermittlung des lokalen Handlungsbedarfs deshalb eine zentrale Rolle. Da sich der demografische Wandel regional und zeitlich stark unterschiedlich auswirkt (exemplarisch BBSR, 2015, S. 9; Große Starmann et al., 2015, S. 4), ist eine zumindest regionsscharfe Betrachtung empfehlenswert. Eher kurz- bis mittelfristige Handlungserfordernisse spiegeln sich vielfach in vorhandenen kommunalpolitischen Prioritätensetzungen. Diese können zumeist wichtigen strategischen Planungsdokumenten wie beispielsweise kommunalen Leitbildern oder integrierten Stadtentwicklungskonzepten entnommen werden. Einen guten bundesweiten Überblick bietet auch das jährlich vom Difu als Befragung unter den Spitzen deutscher Städte durchgeführte Oberbürgermeisterinnen (OB)-Barometer. Eine vergleichbare, breit angelegte Erhebung unter Bürgermeisterinnen in Klein- und Mittelstädten oder Landgemeinden existiert bislang nicht.

Mit Blick auf das in Abschn. 2.1 definierte Ziel der „Steigerung von Lebensqualität" gilt es bei der Konkretisierung von Projekten darüber hinaus die Anforderungen der Bürgerinnen an die Lebensqualität vor Ort zu berücksichtigen. Bestenfalls gelingt dies im Rahmen von lokalen Partizipationsprozessen. Hilfsweise oder zur ersten Orientierung kann auf bereits vorhandene empirische Erkenntnisse zu dieser Thematik wie beispielsweise den im Jahr 2015 von der damaligen Bundesregierung durchgeführten Dialogprozess „Gut leben in Deutschland" (dazu ausführlich Presse- & Informationsamt der Bundesregierung, 2016) zurückgegriffen werden.

Zur Vermeidung von Parallel- oder Konkurrenzarbeiten ist abschließend ein Abgleich mit kommunalrelevanten Programmen, Projekten sowie politischen Zielen und Absichten höherrangiger Strategien auf Ebene des Landes, des Bundes, der Europäischen Union sowie international zu empfehlen. Interessant sind dabei nicht nur Digitalstrategien, sondern auch politisch besonders bedeutsame Dokumente wie die Wachstumsstrategie „Europäischer Grüner Deal" (Europäische Kommission, 2019) oder die Agenda 2030 (Vereinte Nationen, 2015).

Konkretisierung von Handlungsfeldern in Einzelmaßnahmen

- Auswirkungen des demografischen Wandels mindestens regionsscharf ermitteln
- Lokale kommunalpolitische Prioritätensetzungen anhand von Leitbildern, integrierten Stadtentwicklungskonzepten und ähnlichen kurz- bis mittelfristigen strategischen Planungsdokumenten identifizieren
- Anforderungen der Bürgerinnen an die Lebensqualität vor Ort mithilfe von Partizipationsprozessen erarbeiten
- Vermeidung von Parallel- und Konkurrenzarbeiten durch Abgleich mit wichtigen höherrangigen Strategien und Programmen auf Landes-, Bunde-, EU- und internationaler Ebene

---

Unter Berücksichtigung der vorstehend beschriebenen Prämissen sind innerhalb der 12 Handlungsfelder die in Abb. 2.1 dargestellten 21 untergeordneten Zielbilder denkbar (Handlungsfelder und Zielbilder nach Benz, 2023, S. 160).

Dabei sind die zentralen Herausforderungen von kleinen und ländlich geprägten Gemeinden räumliche, mit vielfältigen Faktoren zusammenhängende und sich wechselseitig beeinflussende Aufgabenstellungen. Die Handlungsfelder sind daher miteinander verbunden und häufig nur gemeinsam bearbeitbar.

Technologie ist nicht überall und nicht uneingeschränkt die angemessene Antwort auf lokale Herausforderungen und Handlungserfordernisse. Innerhalb der Handlungsfelder unterliegt der Einsatz von IKT gewissen Spielregeln. Die Prinzipien Zulässigkeit und Akzeptanzfähigkeit spielen dabei eine zentrale Rolle (von

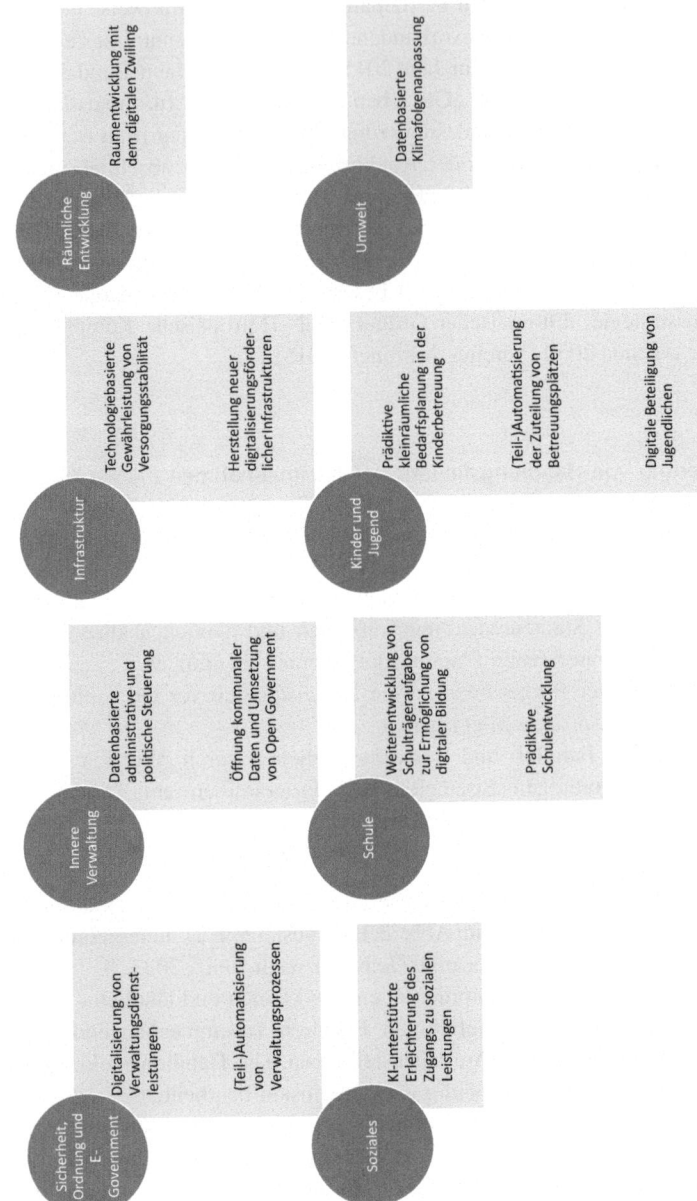

Abb. 2.1 Handlungsfelder und Zielbilder der smarten Kommune

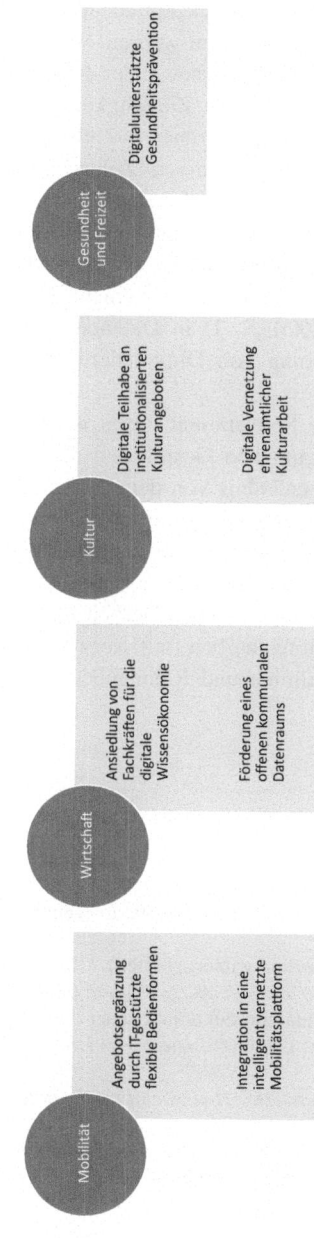

Abb. 2.1 (Fortsetzung)

Lucke, 2018, S. 118). Eine zulässige und akzeptanzfähige Nutzung von Technologie kann grundsätzlich dann angenommen werden, wenn Notwendigkeiten der
IT-Sicherheit, des Datenschutzes, der Ethik sowie der digitalen Souveränität angemessen beachtet werden. Ferner erfordern Zulässigkeit und Akzeptanzfähigkeit
einen Beitrag zu Erreichung der übergeordneten Ziele der smarten Kommune
(vgl. dazu Abschn. 2.1). Die vier genannten Zulässigkeits- und Akzeptanz-
kriterien werden idealerweise im Rahmen lokaler Strategieprozesse mit Leben
gefüllt und in Strategiepapieren oder -konzepten politisch verbindlich verabschiedet. Einige größere Städte haben beispielsweise ethische Leitlinien für
Konzeption, Betrieb und Nutzung von IT-Systemen, Daten und Anwendungen in der Stadt (Stadt Ulm, 2020, S. 1) in Datenethikkonzepten niedergelegt
oder eine Gemeinwohlverpflichtung von Digitalisierungsprozessen beschlossen
(Digitalstadt Darmstadt, 2019).

Im Hinblick auf die digitale Souveränität ist es wichtig, dass insbesondere
kleine Gemeinden vor dem Beginn von Gesprächen mit privaten Unternehmen
ein klares kommunales Selbstverständnis von der eigenen Datenhoheit und vom
gewünschten Umfang der Aufgabenübertragung entwickeln. Dabei muss es stets
darum gehen, die eigene Gestaltungs- und Entscheidungshoheit bei der Erfüllung
kommunaler Aufgaben zu wahren (PD Berater der öffentlichen Hand GmbH,
2020, S. 21 und 30). Die Beachtung der IT-Sicherheit und der Schutz von Daten
sind insbesondere in der Zusammenarbeit mit verwaltungsexternen Akteuren
durch geeignete Verträge, Richtlinien und Rahmenbedingungen festzuschreiben
(Wimmer et al., 2020, S. 104).

Literatur

Acatech (Deutsche Akademie der Technikwissenschaften). (2011a). *Cyber-Physical Sys-
tems: Innovationsmotor für Mobilität, Gesundheit, Energie und Produktion.* Acatech
Position.
Acatech (Deutsche Akademie der Technikwissenschaften). (2011b). *Smart Cities: Deutsche
Hochtechnologie für die Stadt der Zukunft. Aufgaben und Chancen.*
Bauriedl, S., & Strüver, A. (2018). Raumproduktionen in der digitalisierten Stadt. In S. Bau-
riedl & A. Strüver (Hrsg.), *Smart City: Kritische Perspektiven auf die Digitalisierung in
Städten* (S. 11–30). Transcript.
Benkler, Y. (2006). *The wealth of networks: How social production transforms markets and
freedom.* University Press.
Benz, I. (2023). *Zukunft smarte Kommune: Modellentwurf, Vorgehen und Handlungsempfeh-
lungen für kleine Städte und Gemeinden.* Springer Fachmedien GmbH. https://doi.org/10.
1007/978-3-658-40373-7.

Brüssel, C. (2020). Vom Magischen Viereck über ein Sechseck zum Vieleck. In E. Herlyn & M. Lévy-Tödter (Hrsg.), *Die Agenda 2030 als Magisches Vieleck der Nachhaltigkeit: Systemische Perspektiven* (S. 73–94). Wiesbaden: Springer Fachmedien GmbH. https:// doi.org/10.1007/978-3-658-25706-4.

Bundesinstitut für Bau-, Stadt- und Raumforschung. (2011). Lebensqualität in kleinen Städten und Landgemeinden: Aktuelle Befunde der BBSR-Umfrage. *BBSR-Berichte KOMPAKT,* 5. Bonn.

Bundesinstitut für Bau-, Stadt- und Raumforschung. (2015). Die Raumordnungsprognose 2035 nach dem Zensus. *BBSR-Analysen KOMPAKT,* 5. Bonn.

Cassandras, C. (2016). Smart cities as cyber-physical social systems. *Engineering, 2,* 156–158. https://doi.org/10.1016/J.ENG.2016.02.012.

Caragliu, A., Del Bo, C., & Nijkamp, P. (2009). Smart cities in Europe. In *3rd Central European Conference in Regional Science* (S. 45–59).

Castelnovo, W., Misuraca, G., & Salvoldelli, A. (2016). Smart cities governance: The need for a holistic approach to assessing urban participatory policy making. *Social Science Computer Review, 34*(6), 724–739. https://doi.org/10.1177/0894439315611103.

Cocchia, A. (2014). Smart and digital city: A systematic literature review. In C. Rosenthal-Sabroux & R. Dameri (Hrsg.), *Smart city: How to create public and economic value with high technology in urban space* (S. 13–44). Springer International Publishing Switzerland. https://doi.org/10.1007/978-3-319-06160-3.

Deutsches Institut für Urbanistik. (2017). *Kurzstudie zu kommunalen Standortfaktoren: Ergebnisse auf Grundlage der Daten des Difu-Projekts „Koordinierte Unternehmensbefragung".* Berlin.

Digitalstadt Darmstadt. (2019). *Ethische Leitplanken für die Entwicklung Darmstadts zur Digitalstadt. Beschluss des Beirats vom 13.06.2019.* Darmstadt.

Dunleavy, P., & Margetts, H. (2015). Design principles for essentially digital governance. In *111th Annual Meeting oft the American Political Science Association, 3–6 September 2015* (S. 1–31). San Francisco.

Enquete-Kommission „Schutz des Menschen und der Umwelt – Ziele und Rahmenbedingungen einer nachhaltigen zukunftsverträglichen Entwicklung". (1998). *Abschlussbericht. Konzept Nachhaltigkeit: Vom Leitbild zur Umsetzung.* Berlin.

Europäische Kommission. (2019). *Der europäische Grüne Deal. Mitteilung der Kommission an das Europäische Parlament, den Europäischen Rat, den Rat, den Europäischen Wirtschafts- und Sozialausschuss und den Ausschuss der Regionen. COM(2019) 640 final.* Brüssel.

Giffinger, R., Fertner, C., Kramar, H., Kalasek, R., Pichler-Milanovic, N., & Meijers, E. (2007). *Smart cities: Ranking of European medium-sized cities.* Wien.

Gil-Garcia, J. (2012). Towards a smart State? Inter-agency collaboration, information integration and beyond. *Information Polity, 17,* 269–280. https://doi.org/10.3233/IP-2012-000287.

Glatzer, W. (2015). Monitoring and analyzing quality of life – An introduction. In W. Glatzer, L. Camfield, V. Moller, & M. Rojas (Hrsg.), *Global handbook of quality of life: Exploration of well-being of nations and continents* (S. 1–11). Springer, Netherlands.

Goebel, C., & Hamm, R. (2010). Zur Bedeutung regionaler Standortfaktoren: Empirische Analysen als Entscheidungshilfe der regionalen und kommunalen Wirtschaftspolitik. *List Forum für Wirtschafts- und Finanzpolitik, 36*(3), 187–215.

Große Starmann, C., Klug, P., Amsbeck, H., & Loos, R. (2015). Deomgraphischer Wandel 2030 – Aktualisierte Bevölkerungsvorausberechnung. *Analysen und Konzepte aus dem Programm „LebensWerte Kommune"*, Nr. 1/2015.

Hilgers, D. (2012). Open Government: Theoretische Bezüge und konzeptionelle Grundlagen einer neuen Entwicklung in Staat und öffentlichen Verwaltungen. *Zeitschrift für Betriebswirtschaft, 82*, 631–660. https://doi.org/10.1007/s11573-012-0571-2.

Howe, J. (2006). The rise of crowdsourcing. Wired. https://www.wired.com/2006/06/crowds/. Zugegriffen: 9. Dez. 2022.

Janssen, M., & van der Voort, H. (2016). Adaptive governance: Towards a stable, accountable and responsive government. *Government Information Quarterly, 33*, 1–5. https://doi.org/10.1016/j.giq.2016.02.003.

Kleine, A. (2009). *Operationalisierung einer Nachhaltigkeitsstrategie. Ökologie, Ökonomie und Soziales integrieren*. GWV Fachverlage GmbH.

Lee, E. (2008). *Cyber PHYSICAL SYStems: Design challenges*. Electrical Engineering and Computer Sciences, University of California at Berkeley.

Nam, T., & Pardo, T. (2011). Conceptualizing smart city with dimensions of technology, people and institutions. In *The Proceedings of the 12th annual international conference on digital government research* (S. 242–291).

Meijer, A., Gil-Garcia, J., & Bolívar, M. (2016). Smart city research: Contextual conditions, governance models and public value assessment. *Social Science Computer Review, 34*(6), 647–656. https://doi.org/10.1177/0894439315618890.

Morozov, E., & Bria, F. (2017). *Die Smarte Stadt neu denken: Wie urbane Technologien demokratisiert werden können* (2. Korrigierte Aufl.). Rosa-Luxemburg-Stiftung.

Mühlhäuser, M., & Encarnação, J. (2014). *Integrierende Informations- und Kommunikationstechnologien (IKT) für die Stadt der Zukunft, acatech Materialien*.

Opitz, S., & Pfaffenbach, C. (2018). Lebensqualität im ländlichen Raum: Wie bewerten Bewohner ihr Wohnumfeld? *Standort, 42*, 171–177. https://doi.org/10.1007/s00548-018-0544-y.

PD Berater der öffentlichen Hand GmbH. (2020). *Datensouveränität in der Smart City*.

Scholl, H., & Scholl, M. (2014). Smart governance: A roadmap for research and practice. In *iConference 2014 Proceedings* (S. 163–176). https://doi.org/10.9776/14060.

Stadt Ulm. (2020). *Datenethikkonzept für die Stadt Ulm*. Ulm.

The World Bank. (1991). *Managing development: The governance dimension. A Discussion Paper*. Washington.

Tomitsch, M. (2018). *Making cities smarter, designing, interactive, urban, applications*. Jovis Verlag.

Presse- und Informationsamt der Bundesregierung. (2016). *Bericht der Bundesregierung zur Lebensqualität in Deutschland*. Berlin.

Pufé, I. (2017). *Nachhaltigkeit* (3. Aufl.). UVK.

United Nations, World Commission on Environment and Development. (1987). *Our common future (Brundtland-Bericht)*.

Vereinte Nationen. (2015). *Resolution der Generalversammlung, verabschiedet am 25.09.2015. Transformation unserer Welt: Die Agenda 2030 für nachhaltige Entwicklung*.

von Lucke, J. (2016). Smart Government: Wie uns die intelligente Vernetzung zum Leitbild „Verwaltung 4.0" und einem smarten Regierungs- und Verwaltungshandeln führt. In J. von Lucke (Hrsg.), *Smart Government – Intelligent vernetztes Regierungs- und*

Verwaltungshandeln in Zeiten des Internets der Dinge und des Internets der Dienste, TOGI-Schriftenreihe (S. 19–76, Bd. 16). epubli GmbH.

von Lucke, J. (2018). Smart Government auf einem schmalen Grat. In R. Mohabbat Kar, B. Thapa, & P. Parycek (Hrsg.), *(Un)berechenbar? Algorithmen und Automatisierung in Staat und Gesellschaft* (S. 97–125).

Wiktionary. (2022). Smart. https://de.wiktionary.org/wiki/smart. Zugegriffen: 9. Dez. 2022.

Willke, H. (2009). Smart governance: Complexity and the megacity. In U. Matthiesen & G. Mahnken (Hrsg.), *Das Wissen der Städte: Neue stadtregionale Entwicklungsdynamiken im Kontext von Wissen, Milieus und Governance* (S. 365–378). VS Verlag.

Willke, H. (2007). *Smart governance: Governing the global knowledge society.* Campus.

Wimmer, M. A., Pereira, G. V., Ronzhyn, A., & Spitzer, V. (2020). Transforming government by leveraging disruptive technologies: Identification of research and training needs. *eJournal of eDemocracy and Open Government, 12*(1), 87–114. https://doi.org/10.29379/jedem.v12i1.584.

Den Stein ins Rollen bringen

3

Impuls zur Bearbeitung des Themas Smart City

Als eine der besten Gelegenheiten einen Smart-City-Strategieprozess anzustoßen kann sicherlich die Veröffentlichung eines entsprechenden Förderprogramms
gelten. Denn im Wettbewerb um knappe kommunale Haushaltsmittel haben Strategievorhaben im Gegensatz zu beispielsweise Infrastrukturprojekten den Nachteil,
dass dem Mittelaufwand kein direkt sicht- und anfassbarer Nutzwert gegenüber-
steht, weshalb Strategievorhaben in Haushaltsverhandlungen häufig das Nachsehen
haben. Ergänzend tritt die Problematik hinzu, dass die Themen Digitalisierung
und Smart City vielfach noch immer haushälterisch als eigenständige freiwillige
Aufgabe und nicht etwa im engen Zusammenhang mit der originären pflichtigen
Fachaufgabe gesehen und daher als verzichtbar bewertet werden. Aus diesem Grund
spielen Förderprogramme in diesem Bereich eine besonders wichtige Rolle. Kommunen sollten daher Augen und Ohren nach geeigneten Programmen insbesondere
auf Bundes- und Landesebene offenhalten und entsprechende Chancen nutzen.

▶ **Praxistipp: Nach Förderprogrammen Ausschau halten**

Schnell sein lohnt sich. Wer frühzeitig von der Veröffentlichung geeigneter Förderprogramme erfährt, hat mehr Zeit zur sorgfältigen Erarbeitung eines qualitativ hochwertigen Förderantrags, zur Einholung
von Unterstützerschreiben und Absichtserklärungen potentieller Partnerinnen (sog. Letter of Intent), für die Klärung von offenen Fragen,
zur Abstimmung mit Beteiligten oder für die Einholung von Gremien-
beschlüssen.

Es empfiehlt sich deshalb Pressemeldungen, Social-Media-Kanäle
und sonstige Informationsangebote insbesondere der fachlich zuständigen Ministerien auf Bundes- und Landesebene sowie der kommunalen Spitzenverbände zu abonnieren. Für das Durchsuchen des

I. Benz, *Smarte Kommune*, https://doi.org/10.1007/978-3-658-42888-4_3

Bestands an Förderprogrammen der Europäischen Union, des Bundes
und der Länder bietet sich die Förderdatenbank des Bundes an.
Die Förderdatenbank des Bundes ist erreichbar über: https://www.
foerderdatenbank.de/FDB/DE/Home/home.html.

Nach Identifizierung eines geeigneten Förderprogramms benötigt das Vorhaben
noch eine prominente Unterstützerin, die die Idee auf die Agenda setzt, ihr
ein Gesicht gibt und sich persönlich dafür stark macht. Für diese Rolle kämen
unter anderem digitalaffine Gemeinderätinnen, interessierte Bürgerinnen oder
engagierte Vertreterinnen der Gemeindeverwaltung infrage. Bestenfalls ist diese
Person jedoch die Bürgermeisterin.
    Dass es die Unterstützung der Stadtspitze braucht, um dem Digitalisierungs-
bzw. Smart-City-prozess die notwendige Schlagkraft zu verleihen, zeigen her-
ausragende Beispiele wie die Städte Ulm, Mannheim, Tengen, Ludwigsburg
oder die Gemeinden Heddesheim und Rudersberg in Baden-Württemberg. Es
ist hinlänglich bekannt, dass digitale Projekte in der Regel eng mit Verwaltungsmodernisierung verbunden sind und daher nicht überall auf Begeisterung
und Gegenliebe stoßen. Insbesondere in diesen Fällen braucht es dann die
Unterstützung der Bürgermeisterin als Spiritus Rector.

3.1   Die Bürgermeisterin als zentrale Impulsgeberin

Bei näherem Blick auf praktische Strategieentwicklungsprozesse in Städten und
Gemeinden ist festzustellen, dass diese weit überwiegend von der Bürgermeisterin initiiert und maßgeblich vorangetrieben werden. Häufig geht dies auf den
Wunsch der Bürgermeisterin zurück, die örtliche Kommunalpolitik für digitale
Themen zu sensibilisieren und eine strukturierte Beschäftigung mit dem Thema
anzuregen. Speziell in kleinen Gemeinden wird Digitalisierung noch allzu oft
reduziert auf ihre infrastrukturelle Komponente, mithin den Glasfaserausbau,
und E-Government im engeren Sinne digitaler Verwaltungsdienstleistungen. Ein
Strategieprozess ist ein geeignetes Mittel, um dieser inhaltlichen Verengung entgegenzutreten und das Feld in Richtung Smart City zu öffnen. Regelmäßig ist von
den Verwaltungsspitzen auch zu hören, dass die Beschäftigung mit dem Thema
letztlich alternativlos sei, da es die Kommunen längst fest im Griff habe. Entscheidend ist in diesem Fall die Herstellung einer positiven Grundhaltung. Es
gilt, die Digitalisierung insgesamt als Chance zur Optimierung der öffentlichen
Aufgabenerfüllung und der Verbesserung der Lebensqualität vor Ort zu begreifen

und sich damit in die Gestaltungsrolle zu begeben. Darüber hinaus verspre-
chen sich viele Bürgermeisterinnen in ihrer Rolle als Verwaltungsoberhaupt auch
Effizienzgewinne für die Erbringung von Verwaltungsdienstleistungen und die
Erfüllung öffentlicher Aufgaben durch die Gemeindeverwaltung. Wettbewerbs-
druck innerhalb der kommunalen Familie, insbesondere unter den Kommunen im
selben Landkreis, sowie die Möglichkeit zur Inanspruchnahme von Fördermitteln
sind weitere, extrinsisch motivierte Beweggründe für die Bürgermeisterin einen
Strategieentwicklungsprozess anzuregen.

Als projektverantwortliche Verwaltungsmitarbeiterin ist es wichtig, die Motiv-
lage der Chefin möglichst genau zu kennen und bei der Auswahl von Handlungsfeldern und Einzelmaßnahmen sowie bei der Definition von übergeordneten
Zielen angemessen zu berücksichtigen. Andernfalls steht ein Verlust der Unterstützung des Vorhabens durch die Bürgermeisterin zu befürchten.

Ressourcen (Zeit, Geld, Personal, kommunalpolitische Beratungszeit) sind ein
knappes Gut und sollten auch im Strategieentwicklungsprozess wirkungsvoll eingesetzt werden. In der Praxis ist immer wieder zu beobachten, dass aufseiten
der Gemeindeverwaltung die meiste Arbeitszeit und Mühe in das Verfassen und
Redigieren des Strategiepapiers und seitens des Gemeinderats die meiste Beratungszeit in die Verabschiedung desselben investiert wird. Weniger Ressourcen
werden hingegen für die einzelnen Schritte des Prozesses – von der Erhebung
des Ist-Stands der Digitalisierung in der Gemeinde über die Bürgerbeteiligung bis
hin zur Auswahl der Handlungsfelder und Einzelmaßnahmen – aufgewandt. Dies
steht nicht nur in einem Missverhältnis zur Bedeutung der kommunalpolitischen
Bewusstseinsbildung, die für zahlreiche Bürgermeisterinnen zu den wichtigsten
Beweggründen für die strategische Befassung mit den Themen Digitalisierung
und Smart City zählt. Es berücksichtigt auch nicht den Grundsatz, dass das
Strategiepapier inhaltlich nur so gut sein kann, wie der ihm zugrunde liegende
Prozess.

Deshalb sollte der Durchführung des Strategieprozesses mehr Aufmerksamkeit
zuteilwerden. Das Strategiepapier ist dem Prozess gegenüber nachrangig. Dies
bedeutet beispielsweise auch, dass sich Kommunikationsmaßnahmen nicht nur
auf Beginn (Erhalt des Förderbescheids und Startschuss) und Ende des Prozesses (Verabschiedung des Strategiepapiers) beschränken dürfen. Vielmehr bedarf
es einer regelmäßigen Kommunikation von Zwischenschritten, beispielsweise im
Kontext von Maßnahmen der Bürgerbeteiligung. Auch das Sitzungsgeschehen
im Gemeinderat sollte die Wichtigkeit des Prozesses angemessen widerspiegeln.
Empfehlenswert ist eine Beratung und Beschlussfassung im Gemeinderat immer
dann, wenn bedeutsame Entscheidungen für den Inhalt der Strategie zu treffen oder generelle kommunalpolitische Weichenstellungen festzulegen sind. Dies

dürfte mindestens im Nachgang zu Bürgerbeteiligungsveranstaltungen und zur
Durchführung von Standortbestimmungen, mithin im Vorfeld zur Ableitung und
Priorisierung von inhaltlichen Handlungsfeldern und von Einzelmaßnahmen der
Fall sein.

> **Praxistipp: Knappe Ressourcen zielgerichtet einsetzen** Hinsichtlich
> des Einsatzes von Ressourcen sollte das Strategiepapier dem Strate-
> gieprozess gegenüber nachrangig behandelt werden.

3.2   Die Rolle des Gemeinderats

Im Gegensatz zu gängigen kommunalpolitischen Themen, wie beispielsweise
Infrastruktur- oder Sozialthemen, verlangen digitalpolitische Fragestellungen den
Gemeinderätinnen ein Vielfaches an Vorstellungskraft sowie Fähigkeiten zur
Antizipation und Konkretion ab. Selbst in den Räten größerer Städte finden allerdings kaum differenzierte digitalpolitische Debatten in nennenswertem Umfang
statt. Die Beratung beschränkt sich in vielen – nicht allen – Fällen auf All-
gemeinplätze oder generelle Einwürfe zur Wichtigkeit des Datenschutzes oder
den Gefahren einer digitalen Spaltung. Beschlussvorlagen der Verwaltung zu
Digitalthemen werden oftmals lediglich unhinterfragt „abgenickt" und inhaltliche Impulse zu konkreten Smart-City-Anwendungsfällen in der eigenen Stadt
oder Gemeinde gibt es kaum. Vielfach ist in den Wortbeiträgen von Gemeinderätinnen eine Trennung zwischen einer realen und einer digitalen Welt zu
erkennen. Die Rolle des Gemeinderats beschränkt sich in der Folge zu oft auf die
passive Begleitung des Strategieprozesses in Form bloßer Kenntnisnahme einer
verwaltungsgesteuerten Berichterstattung.

Diese für die meisten – nicht für alle – Gemeinden gültige Realitätsbe-
schreibung ist jedoch aus mehreren Gründen problematisch. Dem Gemeinderat
obliegt gemäß § 24 Abs. 1 GemO BW die Vertretung der Bürgerinnen und
die Entscheidung über Angelegenheiten der Gemeinde, sofern nicht die Bürgermeisterin zuständig ist. Es zählt mithin zu den zentralen Aufgaben von
Mitgliedern der kommunalen Volksvertretung, sich an der politischen Willens-
bildung und Entscheidungsfindung in der Gemeinde zu beteiligen. Davon sind
auch digitalpolitische Themen umfasst. Die mangelnde inhaltliche Beteiligung
von Gemeinderätinnen ist also bereits aus einer rein demokratietheoretischen
Betrachtung nicht hinnehmbar. Weiterhin erfordert eine verantwortungsbewusste
Gestaltung des digitalen Wandels in der Gemeinde Impulse und Beiträge, die

im allgemeinen Interesse der lokalen Gemeinschaft liegen und nicht ledig-lich Partikularinteressen befriedigen. Dieses Interessenskorrektiv kann nur der Gemeinderat in Ausübung seiner parlamentarischen Funktion bilden. Für Kom-munen ohne lebendige örtliche Beteiligungskultur ist diese Problematik besonders relevant. In diesen Fällen verlagert sich die Verantwortung zur inhaltlichen Gestaltung der Strategie dann vollständig auf die Gemeindeverwaltung.

Der digitale Wandel kann nur durch eine breite inhaltliche Diskussion aller organisierten und nichtorganisierten Mitglieder der lokalen Gemeinschaft ver-antwortungsvoll und einem „ko-kreativen Ethos" (Landry, 2016, S. 50) folgend gestaltet werden. Angesprochen sind etwa Privatpersonen, Vereine, Unternehmen, zivilgesellschaftliche Verbände und Vereinigungen, Medienvertreterinnen und Bil-dungseinrichtungen, vor allem aber die Mitglieder des Gemeinderats und der Gemeindeverwaltung. Als Multiplikatorinnen spielen Gemeinderätinnen nicht nur in der unmittelbaren Diskussion im Kontext kommunalpolitischer Beschlussfas-sung, sondern auch bei der örtlichen Meinungsbildung eine zentrale Rolle und tragen für die lokale Debattenkultur wesentlich Verantwortung. Im Ergebnis muss es um eine partizipative und kollaborative Zukunftsgestaltung gehen, wie sie seit jeher im Kontext kommunaler Leitbild- bzw. Stadtentwicklungsprozesse gelebt wird.

Aus einer mangelnden Beteiligung von Gemeinderätinnen können sich schließlich auch Probleme bei der Akzeptanz und Unterstützung der Umsetzung von Maßnahmen der Strategie ergeben, denn die Bearbeitung des Themas Smart City ist mit der Verabschiedung einer Strategie nicht abgeschlossen. Eine nach-haltige Unterstützung und inhaltliche Begleitung durch den Gemeinderat sind deshalb unerlässlich.

Die Befähigung von Gemeinderätinnen bildet daher die zentrale Voraussetzung für eine wirkungsvolle Befassung mit digitalen Themen im Allgemeinen und mit Smart City im Speziellen. Kommunalverwaltungen sollten ihren Gemeinderätin-nen Angebote unterbreiten, die auf Information, Sensibilisierung und Inspiration zielen.

▶ **Praxistipp: Maßnahmen zur Befähigung von Gemeinderätinnen**

- Klausurtage,
- Exkursionen und Delegationsreisen,
- Vortragsabende mit externen Expertinnen,
- Debattenveranstaltungen zu digitalpolitischen Themen,
- Vernetzungsformate für Gemeinderätinnen aus digitalen Pionier-kommunen,

- Einführung digitaler Ratsarbeit (Förderung von Medienkompetenz),
- Durchführung von digitalen und hybriden Sitzungen sowie Live-streaming von Rats- und Ausschusssitzungen (Förderung von Medienkompetenz),
- Nutzung moderner Kommunikationswerkzeuge und -verfahren (z. Bsp. Design Thinking),
- regelmäßiger Austausch mit den Digitalisierungsverantwortlichen in der Gemeindeverwaltung (z. Bsp. Fraktionsabend, digitale Mittagspause),
- Benennung und Qualifizierung von Digitalisierungsbeauftragten in den Fraktionen,
- zielgruppenspezifische Aufbereitung digitaler Themen in kompakten Materialien und
- Einrichtung eines Fachausschusses für Digitales im Gemeinderat.

Insbesondere mit der nachhaltigen Verankerung des Themenbereichs Digitales in den kommunalpolitischen Strukturen wurden schon positive Erfahrungen in Form von Akzeptanzsteigerung und inhaltlicher Stärkung des Themas gesammelt (dazu exemplarisch die Erfahrungen der Gemeinde Wennigsen in Meineke, 2018, S. 48–49). Weitere bereits vielfach praktisch erprobte Maßnahmen sind regelmäßige Austauschformate für Gemeinderätinnen mit den Digitalisierungsverantwortlichen in der Gemeindeverwaltung, beispielsweise im Format des Fraktionsabends oder der digitalen Mittagspause.

Alle Unterstützungsmaßnahmen sollten jedenfalls langfristig ausgerichtet sein und regelmäßig weiterentwickelt werden, denn der rasante technologische Fortschritt erfordert kontinuierliche Bemühungen zur Befassung und Durchdringung von neuen Themen und Problemstellungen.

Literatur

Landry, C. (2016). *The digitzed city: Influence & impact* (Bd. 7). Comedia.
Meineke, C. (2018). Die Digitalisierung des ländlichen Raums – Fallstudie Gemeinde Wennigsen (Deister). In Institut für Kommunalrecht und Verwaltungswissenschaften (Hrsg.), *Kommunale Selbstverwaltung in Zeiten der Digitalisierung, Workingpaper* (S. 45–64).

Eine strategische Richtung vorgeben

4

Übergeordnete Ziele der Strategie definieren

Den Rahmen jeder Strategie bilden übergeordnete Ziele, die über sämtliche inhaltliche Handlungsfelder und Einzelmaßnahmen hinweg Geltung beanspruchen. Alle Projekte der Strategie müssen einen unmittelbaren oder mittelbaren Beitrag zur Erreichung dieser Ziele leisten. Oder anders formuliert: Die Einzelmaßnahmen müssen auf die übergeordneten Ziele einzahlen. Diese Ziele zu definieren ist anspruchsvoll und es gibt in der Praxis nur wenige wirklich gute Beispiele. Vielmehr beschränken sich zahlreiche kommunale Digitalisierungs- beziehungsweise Smart-City-Strategien auf eine Aneinanderreihung wolkiger Schlagworte oder sehr abstrakt-genereller Ausführungen zu aktuellen Technologietrends. Zwar erfordert die Definition übergeordneter Ziele ein gewisses Maß an Abstraktion und Generalisierung, die Ziele sollten dennoch so hinreichend konkret sein, dass eine grundlegende Messbarkeit und Überprüfbarkeit des Zielerreichungsgrads gegeben sind. Letzteres erfordert insbesondere einen konkreten Bezug zur eigenen Kommune. So verbergen sich beispielsweise hinter dem in der überwiegenden Zahl der Smart-City-Strategien genannten strategischen Ziel einer „Steigerung von Lebensqualität" tatsächlich Wünsche wie die Stärkung des sozialen Miteinanders in der Gemeinde oder die Teilhabe am gesellschaftlichen Leben für in der Kommune lebende Menschen. Diese konkreten Aspekte von Lebensqualität sind deutlich besser messbar als der pauschale Wunsch nach einem besseren Leben vor Ort.

Als Ergebnis einer empirischen Untersuchung in neun baden-württembergischen Pilotkommunen bis 20.000 Einwohnerinnen konnten fünf Anforderungen identifiziert werden, die von den Gemeinden bei der Definition der übergeordneten Ziele ihrer Strategie implizit zugrunde gelegt wurden (Anforderungen nach Benz, 2023, S. 189):

I. Benz, *Smarte Kommune*, https://doi.org/10.1007/978-3-658-42888-4_4

- Berücksichtigung der gemeinhin mit dem ländlichen Raum verbundenen Nachteile
- Adressierung individueller lokaler Herausforderungen
- Bearbeitung gesamtgesellschaftlicher Entwicklungen mit Auswirkungen auf das öffentliche Leben in der Kommune
- Umsetzung kommunalpolitischer Ziele der Bürgermeisterin
- Einzahlung auf Imagegewinn der Kommunalverwaltung als Dienstleisterin

Diese fünf Anforderungen können in entsprechende Fragen übersetzt werden, deren Beantwortung zu übergeordneten Zielen führt, die sich den in Abschn. 2.1 definierten Zieldimensionen „Erfüllung kommunaler Aufgaben" und „Steigerung von Lebensqualität und von Standortattraktivität" zuordnen lassen und sich speziell in die Lebensrealität von kleinen ländlich geprägten Gemeinden einfügen.

▶   **Praxistipp: Fragen zur Definition übergeordneter strategischer Ziele**

1.1 Welches sind gemeinhin mit dem ländlichen Raum verbundene Nachteile, die vor Ort besonders relevant sind?
1.2 Welcher Zielzustand wird im Hinblick auf den Ausgleich dieser Nachteile angestrebt?
2.1 Welches sind die drängendsten lokalen Herausforderungen?
2.2 Welcher Wunschzustand wird im Hinblick auf die Bearbeitung dieser individuellen Herausforderungen verfolgt?
3.1 Welche gesamtgesellschaftlichen Entwicklungen wirken sich besonders auf das öffentliche Leben in der Kommune aus?
3.2 In welche Richtung sollen diese Entwicklungen korrigiert werden?
4 Wie lauten die wichtigsten kommunalpolitischen Ziele der Bürgermeisterin?
5 Inwiefern soll auf den Imagegewinn der Kommunalverwaltung als Dienstleisterin eingezahlt werden?

Es ist zu empfehlen, sich bei der Zieldefinition zunächst keine Grenzen im Hinblick auf die Frage zu setzen, ob ein Ziel überhaupt mithilfe eines Smart-City-Projekts erreicht werden kann. Da die strategischen Ziele für einen möglichst langen Zeitraum gültig sein und beibehalten werden sollen, sollten diese nicht vom Stand des technischen Fortschritts zum Zeitpunkt der Zieldefinition abhängig gemacht werden. Es ist davon auszugehen, dass im Laufe der Zeit immer neue technische Lösungen marktreif und zur Bearbeitung der definierten Ziele zur Verfügung stehen werden. Darüber hinaus wird Technologie nicht als Selbstzweck, aber als Werkzeug verstanden. Die Ziele sollten sich daher nicht an den vorhandenen technischen Möglichkeiten, sondern die technischen Möglichkeiten an den Zielen orientieren.

Vor dem Hintergrund der enormen Relevanz der übergeordneten Ziele, ist es ratsam, diese ganz bewusst zum Gegenstand eines Partizipationsverfahrens zu machen und damit die Bürgerschaft in die Zieldefinition intensiv einzubeziehen. Ebenso ist es erforderlich, gegenüber allen am Strategieentwicklungsprozess Beteiligten kontinuierlich auf die strategischen Ziele hinzuweisen, diese mithin fortwährend präsent zu halten.

Üblicherweise gibt es auch in kleineren Gemeinden bereits verschiedene fachspezifische Strategien, wie Mobilitätsmasterpläne oder Nachhaltigkeitsstrategien, zumindest jedoch kommunale Leitbilder beziehungsweise integrierte Stadtentwicklungskonzepte. Diese Dokumente enthalten ihrerseits verschiedene strategische Ziele für die weitere Entwicklung der Gemeinde, die unbedingt mit den Smart-City-Zielen abgeglichen werden müssen. Idealerweise befördern sich die Ziele gegenseitig oder sind wechselseitig anschlussfähig, mindestens sind jedoch gegenläufige Zielstellungen und parallele Vorhaben zu vermeiden. Insbesondere bei der Konkretisierung der übergeordneten Zieldimension „nachhaltige Entwicklung" (vgl. dazu auch Abschn. 2.1) kann ganz besonders von bereits vorhandenen Klimaschutzstrategien, Klimaanpassungskonzepten oder Mobilitätsplänen profitiert werden.

Literatur

Benz, I. (2023). *Zukunft smarte Kommune – Modellentwurf, Vorgehen und Handlungsempfehlungen für kleine Städte und Gemeinden.* Springer Fachmedien GmbH. https://doi.org/10.1007/978-3-658-40373-7.

Wie smart ist die Gemeinde?

Grundlegender Bestandteil jedes Strategieprozesses muss die Bestimmung des Startpunktes sein (zustimmend BBSR, 2022, S. 30). Am Anfang des Prozesses muss im Rahmen einer Bestandsaufnahme ermittelt werden, wie smart die Gemeinde bereits ist. Die Ergebnisse dienen als Grundlage für zahlreiche nachfolgende Prozessschritte wie insbesondere die Auswahl und Eingrenzung der inhaltlichen Handlungsfelder für Partizipationsprozesse sowie für die Identifizierung von Einzelmaßnahmen. Darüber hinaus ermöglicht eine Analyse des Ausgangspunktes den verantwortlichen Entscheidungsträgerinnen auch eine Selbsteinschätzung im Vergleich zu anderen Kommunen. Die Praxis zeigt, dass sich Letzteres ganz entscheidend auf die Haltung der am Strategieprozess federführend beteiligten Verwaltungsmitarbeiterinnen und der Bürgermeisterin auswirkt. Im interkommunalen Leistungsvergleich relativ gut abschneidende Gemeinden treiben den Strategieentwicklungsprozess deutlich selbstbewusster und positiver voran als Kommunen mit offiziell bescheinigtem Aufholbedarf.

Zur Durchführung von Bestandsaufnahmen können die Kommunen mittlerweile aus einer ganzen Reihe entsprechender Dienstleistungsangebote von Beratungsunternehmen, der angewandten Forschung, von kommunalen IT-Dienstleistern und anderen Organisationen und Unternehmen auswählen. Die Produkte werden häufig unter den Bezeichnungen „Ranking", „Benchmarking" oder „Statusanalyse" vermarktet. Es gibt einige gute Gründe, die für die Hinzuziehung externer Expertise zur Durchführung der Bestandsaufnahme sprechen. Neben der immer relevanten Ressourcen- und Expertisefrage spielt für viele Kommunalverwaltungen auch der Wunsch nach einer Legitimationsgrundlage einer neutralen externen Stelle eine Rolle. Demgegenüber spricht jedoch auch vieles dafür, sich mit den eigenen Strukturen, Prozessen und Methoden der Aufgabenerfüllung und der Verwaltungsorganisation selbst auseinanderzusetzen. Insbesondere im Gesamtkontext

I. Benz, *Smarte Kommune*, https://doi.org/10.1007/978-3-658-42888-4_5

der Umsetzung des Onlinezugangsgesetzes lohnt es sich, sich einmal selbst den Maschinenraum der Verwaltung genauer anzusehen und Entwicklungspotentiale zu identifizieren.

Egal ob mithilfe externer Unterstützung oder in Eigenregie: Viele Praxisbeispiele zeigen, dass es bei der Durchführung einer Bestandsaufnahme einige zentrale Kriterien zu beachten und Fallstricke zu vermeiden gilt.

5.1 Technik, Organisation und Governance gemeinsam bearbeiten

Bei der Durchführung einer Bestandsanalyse ist es von essentieller Bedeutung, nicht ausschließlich nach der Technik zu fragen. Viele Kommunen, die sich erstmalig mit den Themen Digitalisierung und Smart City beschäftigen, konzentrieren sich lediglich auf die in der Verwaltung eingesetzte Soft- und Hardware sowie auf IT-Infrastrukturen. Sie verkennen dabei, dass Technik nur die sichtbare Spitze des Digitalisierungseisbergs ist (vgl. dazu Abb. 5.1). Governance und Organisation sind die beiden unterhalb der Wasseroberfläche treibenden, jedoch weitaus größeren Teile dieses Eisbergs. Sie drängen sich nicht auf, spielen unterschwellig jedoch immer eine Rolle und können jedes technisch noch so ausgefeilte Projekt im Zweifelsfall zum Scheitern bringen. Übereinstimmend sprechen Smart-City-erfahrene Kommunen zuweilen auch von einem Technik-zu-Organisation/Governance-Verhältnis von 20 zu 80.

Abb. 5.1 Eisberg der Digitalisierung

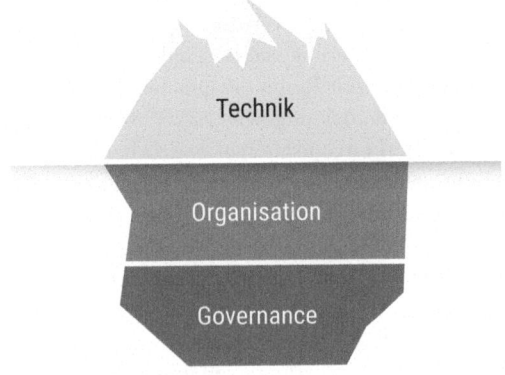

Die Bereiche Organisation und Governance umfassen insbesondere die Aspekte Organisationsstrukturen und -prozesse, Organisationskultur, Kooperation, Führung und Steuerung. Neben der Technik müssen auch diese Themen beleuchtet werden. Als geeignete Methodik kommt beispielsweise das digitale Reifegradmodell von Schenk und Schneider (2019) in Betracht. Das digitale Reifegradmodell wurde in Kooperation mit kleineren Gemeinden aus Baden-Württemberg entwickelt und als Fragebogen operationalisiert (Schenk & Schneider, 2019, S. 1–2 und 16). Es basiert auf Likert-Skalen und der Szenariotechnik. Seine Anwendbarkeit erstreckt sich sowohl auf die Bestandsanalyse am Beginn eines Strategieentwicklungsprozesses als auch auf die Überprüfung der Strategieumsetzung sowie den interkommunalen Leistungsvergleich (ebd., S. 17 und 39).

Der Ist-Stand der technischen Digitalisierung in den einzelnen Bereichen der kommunalen Aufgabenerfüllung kann anhand des kommunalen Haushaltsplans möglichst vollständig abgebildet werden. Der Haushaltsplan umfasst auch die inneradministrative Leistungserbringung und zeigt damit auch rein verwaltungsinterne Prozesse auf. Im Rahmen der technischen Bestandsanalyse ist es wichtig, dass nicht lediglich eine Sammlung bereits vorhandener Digitalisierungsprojekte, -programme und -strategien, digitaler Werkzeuge, Fachverfahren oder IT-Infrastrukturen stattfindet. Vielmehr muss auch ermittelt werden, an welchen Stellen bislang noch ausschließlich analog gearbeitet wird und aus welchen Gründen. Es müssen mithin auch die blinden Flecken ausgeleuchtet und zum Gegenstand des weiteren Strategieprozesses gemacht werden.

Bei der Auswertung der Bestandsanalyse für den weiteren Strategieprozess ist unbedingt die Hinzuziehung von versierten Vertreterinnen aus der IT-Branche (insbesondere von kommunalen IT-Dienstleistern), von Verbänden und der Wissenschaft zu empfehlen. Viele Kommunen nehmen bereits die Analyse der Ergebnisse der Bestandsaufnahme zum Anlass, inhaltliche Handlungsfelder für die weiteren Prozessschritte vorzudefinieren. Dies erfolgt häufig auf der Grundlage einer gemeindebezogenen Nutzenbewertung von beispielhaften digitalen Anwendungen innerhalb der einzelnen Handlungsfelder. Kommen die Verantwortlichen dabei zu dem Ergebnis, dass eines oder wenige Anwendungsbeispiele im lokalen Kontext nicht sinnvoll implementierbar sind, so schließen sie häufig ganze Handlungsfelder von der weiteren Bearbeitung aus. Bewertungsmaßstäbe sind häufig einwohnergrößenklassenbezogene Kriterien wie Fallzahlen, Gemarkungsausdehnung oder Komplexität physischer Infrastruktur. Die so stattfindende inhaltliche Verengung ganzer Themenfelder auf wenige Anwendungsszenarien reduziert Vielfalt im Strategieprozess und sollte unbedingt vermieden werden.

Die Hinzuziehung externer Expertinnen ist ein geeignetes Mittel, um dem entgegenzuwirken. Sie können aus ihrer Berufs- und Forschungserfahrung heraus die Diskussion um weitere Anwendungsszenarien aus anderen Kommunen erweitern, die so von den Verantwortlichen in der Kommunalverwaltung nicht überblickt werden (können).

5.2   Technische Digitalisierungspotentiale identifizieren

Bei der Identifizierung technischer Digitalisierungspotentiale stehen Kommunen vor der Schwierigkeit, einen geeigneten Maßstab zu finden, mit dem der eigene Status quo abgeglichen werden kann. Weil auch dieser Schritt nicht trivial ist, findet häufig lediglich eine relative Bewertung des Ist-Stands der technischen Ausstattung anhand des aktuell besten am Markt verfügbaren technologischen Standards bei Hard- und Software statt. Diese sehr pauschale Vorgehensweise impliziert zwei problematische Aspekte. Zum einen liegt diesem Vorgehen eine pauschale Erwünschtheit des jeweils aktuell höchsten technischen Standards zugrunde. Zum anderen wird dabei von einem für alle Kommunen undifferenziert gültigen Idealzustand ausgegangen. Dieses Vorgehen lässt jedoch den Umstand unberücksichtigt, dass jede Kommune sehr berechtigte individuelle Vorstellungen von Art und Umfang des Technikeinsatzes hat und dieser in der kommunalen Welt auf sehr heterogene Rahmenbedingungen stößt. Anders ausgedrückt: Was in einer Gemeinde den technisch wünschenswerten Zielzustand darstellen und damit als technisches Digitalisierungspotential qualifiziert werden kann, mag schon in der Nachbargemeinde nicht in die vorhandene technische Umgebung passen und/ oder aus Gründen nichttechnischer Art unerwünscht sein. Eine pauschale quantifizierte – weil nicht im Einzelfall normativ bestimmte – Identifizierung von technischen Digitalisierungspotentialen ist deshalb nicht sachgerecht.

Stattdessen sollte der gewünschte technische Digitalisierungsgrad für jeden kommunalen Aufgabenbereich (laut kommunalem Haushaltsplan, vgl. dazu schon Abschn. 2.3) separat und in jeder Gemeinde basierend auf vor Ort gemeinsam entwickelten Präferenzen und Zielwerten qualitativ bestimmt werden. Die mit einem Einsatz von Technologie verbundenen Risiken sollten bereits an dieser Stelle im Strategieprozess zumindest überblicksartig reflektiert werden. Das BBSR (2022, S. 76–77) hat zur Betrachtung spezifischer Risiken bei Digitalisierungsmaßnahmen eine Risikomatrix entwickelt, die dabei als hilfreiches Prüfraster herangezogen werden kann (vgl. Tab. 5.1).

Es kann empfohlen werden, in den Prozess zur Identifizierung von Digitalisierungspotentialen auch verwaltungsexterne Akteurinnen wie Expertinnen,

Tab. 5.1 Risikomatrix für Digitalisierungsmaßnahmen. (In Anlehnung an BBSR, 2022, S. 77)

Art der Risiken	Beschreibung der Risiken
Administrative Risiken	*Bspw. Zuständigkeiten und Verantwortlichkeiten, Haftungs- und Gewährleistungsfragen, Nutzungs- und Verwertungsrechte*
Technische Risiken	*Bspw. Interoperabilität von Systemen und Komponenten, Schnittstellenproblematiken, fehlende Standards*
Sozio-technische Risiken	*Bspw. digitale Spaltung der Gesellschaft, Auswirkungen politischer Entscheidungen und übergeordneter Regulierung*
Externe Risiken	*Bspw. digitale Souveränität, Verdrängungs- oder Rebound-Effekte, negative wirtschaftliche Entwicklung von Dienstleistern, negative Veränderungen bei Kooperationspartnern*
Datenschutz- und Datensicherheitsrisiken	*Bspw. nachträgliche Öffnung von bisher geschlossenen Systemen oder unveröffentlichter Daten*

Bürgerinnen oder Gemeinderätinnen einzubeziehen. Letzteres stärkt die Legitimationsgrundlage der Potentialermittlung und vergrößert die inhaltliche Vielfalt. Hingegen ist ein vielfach beobachtbares standardisiertes quantitatives Vorgehen nicht zielführend. Damit einhergehende Abstriche bei der Vergleichbarkeit mit anderen Kommunen sind zugunsten eines lokal angepassten Ergebnisses vertretbar.

▶ **Praxistipp: Leitfragen zur Identifizierung von technischen Digitalisierungspotentialen**

- Zu welchem Zweck und in welchem Umfang soll Technologie zur Erfüllung von Aufgabe XY eingesetzt werden?
- Wie sieht diesbezüglich der wünschenswerte technische Zielzustand aus?
- Welche Risiken sind mit dem Einsatz von Technologie im Aufgabenfeld XY verbunden? Sind diese Risiken vertretbar und können sie reduziert werden?

Literatur

Bundesinstitut für Bau-, Stadt- und Raumforschung. (Hrsg.). (2022). *Die digitale Stadt gestalten: Eine Handreichung für Kommunen.* Bonn.

Schenk, B., & Schneider, C. (2019). *Mit dem digitalen Reifegradmodell zur digitalen Transformation der Verwaltung: Leitfaden für die Organisationsgestaltung auf dem Weg zur Smart City.* Springer Gabler. https://doi.org/10.1007/978-3-658-27754-3.

Den Beteiligungsprozess wirksam gestalten

6

Wie gelingt die Einbindung der Bürgerschaft in die Strategieerarbeitung?
Der wohl wichtigste Schritt eines Smart-City-Strategieprozesses ist die Beteiligung der Bürgerschaft an der Strategieerarbeitung. Dies hat verschiedene Gründe. Einerseits stehen die Bürgerinnen und ihre Anforderungen an die Lebensqualität vor Ort im Mittelpunkt der übergeordneten Ziele des Narrativs der smarten Kommune. Bereits aus diesem Umstand ergibt sich die Verpflichtung der Kommunalverwaltung, eine Mitgestaltungsmöglichkeit anzubieten und aktiv zu befördern. Andererseits ist eine Smart-City-Strategie ohne die Mitwirkung der Zivilgesellschaft, mindestens jedoch deren Akzeptanz und Verständnis, nicht erfolgreich umzusetzen. Letzteres zeigt die Kommunalpraxis mehr als deutlich. Erstens sind Akteurinnen der Zivilgesellschaft häufig explizit als Umsetzungspartnerinnen in einzelnen Projekten erforderlich oder als deren Hauptnutzerinnen vorgesehen. Zweitens verlangt die Implementierung von Projekten und deren dauerhafter Betrieb immer den Einsatz kommunaler Haushaltsmittel. Alle Aktivitäten müssen folglich vom Gemeinderat mitgetragen werden. Der Gemeinderat lässt sich jedoch nur sehr schwer hinter eine Strategie versammeln, die an der Lebensrealität der Bürgerschaft vorbeigeht oder die mit ihren Einzelmaßnahmen die Stadtgesellschaft nicht zu erreichen vermag. Auch wenn der Partizipationsprozess zuweilen mühsam, zäh, unfruchtbar oder zeitintensiv anmuten mag, so ist er dennoch ein unverzichtbarer Schritt auf dem Weg zur smarten Kommune.

Bei der Gestaltung eines erfolgreichen Beteiligungsprozesses haben die Verantwortlichen mit einigen themenspezifischen Besonderheiten und Herausforderungen umzugehen. Darum soll es in Abschn. 6.2 gehen. Zunächst ist in Abschn. 6.1 jedoch die Frage zu beantworten, wie der idealtypische Teilnehmerkreis einer Bürgerbeteiligungsveranstaltung aussehen sollte, der sich speziell mit der Erarbeitung einer Smart-City-Strategie befasst.

I. Benz, *Smarte Kommune*, https://doi.org/10.1007/978-3-658-42888-4_6

6.1 Teilnehmerkreis

Wie bei allen Beteiligungsprozessen, spielt auch für die Einbindung der Bürgerinnen im Kontext von Smart-City- und Digitalisierungsthemen der richtige Teilnehmerkreis eine zentrale Rolle für den Partizipationserfolg. Sehr viele Kommunen beschreiben den idealtypischen Teilnehmerkreis als Abbild der Stadtgesellschaft und wünschen sich damit eine hohe Repräsentativität. Im Sinne der Legitimation, der Akzeptanz und der Vielfalt der Ergebnisse ist dieser Wunsch generell unterstützenswert. Die Teilnehmerschaft sollte möglichst vielfältig insbesondere im Hinblick auf Alter, Geschlecht, Herkunft, dem soziokulturellen Hintergrund und sozioökonomischen Status sein.

Über allgemeine Beteiligungsaufrufe hinaus, ist es ratsam, ausgewählte Personen individuell anzusprechen. Zur Identifizierung geeigneter Personen empfiehlt sich eine Akteursanalyse anhand der Kriterien örtlicher Einfluss, thematische Betroffenheit und lokaler Bezug. Letzterer kann sich unmittelbar über den Wohnort, den Unternehmens- beziehungsweise Vereinssitz, den räumlichen Wirkungsbereich oder mittelbar über Verflechtungen mit der Kommunalverwaltung, wie Mitgliedschaften, Projektkooperationen oder Geschäftsbeziehungen, ausdrücken. Einen guten Ansatzpunkt bildet der Teilnehmerkreis früherer Beteiligungsverfahren im Kontext der Stadtentwicklung oder von Leitbildprozessen. Daneben sollten jedoch auch von den diskutierten Themen betroffene, nicht zwingend digitalaffine, Bürgerinnen für eine Teilnahme gewonnen werden.

Begehrte Teilnehmerinnen sind außerdem sachkundige Expertinnen auf dem Gebiet der Digitalisierung, die mit fachlichen Beiträgen Impulse zur Diskussion leisten und diese vorantreiben können. Die Praxis zeigt auch, dass sich vor allem Expertinnen auffällig häufig an der späteren Umsetzung von Maßnahmen der Strategie beteiligen. Bei der Gewinnung von Expertinnen sollte der Blick dabei über die eigene Gemeinde hinausgehen, also auch von regional vorhandener Expertise profitiert werden. In diesem Kontext besonders interessant sind Angehörige der IT-Wirtschaft sowie von themennahen Hochschulen, Universitäten, Forschungsinstituten und Kompetenzzentren. In diesem Kontext nennt das BBSR (2022, S. 10) als praktisch bedeutsame Untergruppierungen der Wissenschaft ingenieurs- und naturwissenschaftliche Forschungs- und Entwicklungsabteilungen und Fakultäten ebenso wie Fakultäten und (Weiter-)Bildungseinrichtungen der Organisations- und Sozialwissenschaften.

Auf der individuellen Ebene der einzelnen Beteiligten werden häufig engagierte Personen mit einem breiten Wissensspektrum gewünscht, die möglichst zu allen inhaltlichen Handlungsfeldern sprechfähig sind, das Gemeinwohl anstelle von Partikularinteressen vertreten und innerhalb der Stadtgesellschaft eine hohe

Anerkennung genießen. Menschen, die diese Merkmale erfüllen, wirken oft als Multiplikatorinnen in die gesamte Stadtgesellschaft beziehungsweise einzelne gesellschaftliche Gruppierungen hinein.

► **Praxistipp: Persönliche Einladungen der Bürgermeisterin**
Ein in der Kommunalpraxis besonders bewährtes Mittel zur Gewinnung von Teilnehmerinnen für Partizipationsprozesse stellen persönliche Einladungsschreiben der Bürgermeisterin dar.
Damit der vielfach nachgewiesene positive Effekt auf die Beteiligungsbereitschaft erhalten bleibt, sollten diese persönlichen Schreiben jedoch wohldosiert an nur wenige ausgewählte und für die Bürgerbeteiligung besonders wichtige Personen versandt werden.

Eine wichtige Rolle spielen außerdem Vertreterinnen örtlich einflussreicher und das Gemeindeleben maßgeblich prägender lokaler Gruppierungen wie Handels- und Gewerbevereine, Bürgerinitiativen, Musik- oder Sportvereine, Kulturinitiativen und ähnliche Vereinigungen. Tab. 6.1 zeigt eine Sammlung von besonders häufig in kleinen Gemeinden des ländlichen Raums wirkenden Gruppierungen mit potenziellem Interesse an der Gestaltung der smarten Kommune (Akteursgruppen und Untergruppen nach Benz, 2023, S. 204–205). Bei der Identifizierung des geeigneten Teilnehmerkreises kann eine Orientierung an diesen Akteursgruppen und zugehörigen Untergruppen empfohlen werden.

Als besonders schwierig zu erreichende Akteursgruppen haben sich in der Kommunalpraxis Jugendliche und Vertreterinnen aus der Wissenschaft herauskristallisiert. Im Fall der Wissenschaft scheint die mangelnde Beteiligung mit dem Umstand zusammenzuhängen, dass entsprechende Akteurinnen nur selten in kleinen Gemeinden des ländlichen Raums präsent sind und viele Kommunen ausschließlich über lokal begrenzte Kanäle, wie das Amtsblatt, örtliche Aushänge oder die Lokalzeitung, für Bürgerbeteiligungsveranstaltungen werben. Die Durchführung einer Akteursanalyse verbunden mit einer individuellen Ansprache von identifizierten Schlüsselpersonen, die Bekanntmachung über soziale Netzwerke sowie eine breite Streuung über zielgruppenspezifische Kanäle und Institutionen sind geeignete Wege, um dieser Problematik entgegenzutreten.

Im Hinblick auf die Erreichbarkeit von Jugendlichen zeigt die Empirie, dass bei dieser Zielgruppe nicht per se eine geringe Beteiligungsbereitschaft vorliegt. Vielmehr sind Jugendliche sehr wohl beteiligungswillig. Dieser Wille muss allerdings durch eigene Beteiligungsformate aktiviert werden (vgl. dazu weiterführend Abschn. 6.3).

Tab. 6.1 In kleinen ländlich geprägten Gemeinden relevante Akteursgruppen mit zugehörigen Untergruppen (Benz, 2023, S. 204–205)

Akteursgruppe	Untergruppe
Wirtschaft	Handels- und Gewerbeverein
	Bund der Selbstständigen
	Industrie- und Handelskammer
	Handwerkskammer
	Einzelne örtliche Einzelunternehmer
Medien	Lokale Presse
Parteien	Fraktionen im Gemeinderat
	Andere lokale Parteien
Wissenschaft	Universitäten
	Hochschulen
	Forschungsinstitute
Bildung	Schulen
	Kinderbetreuungseinrichtungen
	Erwachsenenbildung (bspw. Volkshochschule)
Verwaltung	Mitarbeiterinnen der Kommunalverwaltung
Zivilgesellschaft (organisiert)	Vereine
	Ausgewählte Gruppen (bspw. Senioren, Frauen, Jugend, Menschen mit Einschränkungen)
Zivilgesellschaft (nichtorganisiert)	Privatpersonen
	Bekannte örtliche Persönlichkeiten (sogenannte „Macher")

6.2 Herausforderungen des Beteiligungsprozesses

Partizipationsprozesse sind themenunabhängig durch vielfältige Herausforderungen geprägt. Es sind Faktoren wie die persönliche Betroffenheit, weitere individuelle Faktoren (etwa Integration in soziale Milieus oder Ressourcen wie Zeit, Geld, Kenntnisse und Bildung) (Kersting, 2008, S. 274), Intensität der begleitenden Öffentlichkeitsarbeit, Termin und Rahmen der Beteiligungsveranstaltung oder lokale Relevanz und Aktualität des Themas (Klages, 2017, S. 197), die beeinflussen, ob sich Bürgerinnen an einem Verfahren beteiligen. Neben diesen allgemeinen Herausforderungen sind im Kontext von Partizipationsverfahren zu den Themenbereichen Digitalisierung und Smart City zusätzlich weitere themenspezifische Problemlagen zu adressieren. Diese lassen sich kurz mit den Schlagworten „Digitalisierung ist zu abstrakt" und „Digitalisierung ist Standard" umschreiben.

So führen in der Kommunalpraxis viele Verantwortliche die geringe Resonanz auf die Einladung zu Beteiligungsveranstaltungen zu digitalen Themen auf eine mangelnde Aktivierung der Bürgerinnen zurück. Die Bürgerinnen fühlten sich von digitalen Themen nicht angesprochen und würden dementsprechend keine persönliche Betroffenheit erkennen. Für Bürgerinnen abseits des Expertentums sei es schwierig, sich konkrete Anwendungsszenarien der Digitalisierung in der eigenen Gemeinde vorzustellen, ein entsprechendes Problembewusstsein zu entwickeln und ein daran anknüpfendes Bedürfnis zur Erzeugung von politischem Handlungsdruck zu entwickeln – so die Erklärungsversuche. Übereinstimmend klagen zahlreiche Smart-City-Verantwortliche in Kommunen regelmäßig darüber, dass sich das Bürgerinneninteresse lediglich auf den Glasfaserausbau, die Digitalisierung an Schulen und digitale Bürgerservices reduziere. Diese Themen entziehen sich jedoch entweder gänzlich der kommunalen Zuständigkeit (Glasfaserausbau abseits von Gebieten mit Marktversagen) oder es fehlt zu deren Bearbeitung der notwendige kommunale Handlungsspielraum aufgrund komplizierter europäischer und föderaler Kompetenzverteilung und/oder Regulierung (digitale Ausstattung an Schulen und Umsetzung des Onlinezugangsgesetzes). Nur in Ausnahmefällen wird in der breiten Bevölkerung erkannt, dass das Konzept der Smart City ein Ansatz zur Bearbeitung vielfältigster kommunaler Problemstellungen sein kann.

Empirische Studien identifizieren Gestaltungsaspekte und Ressourcenangebote im kommunalen Raum, etwa Fragen im Kontext von Lärmbelastung, Wohnen oder Verkehrsanbindung, als vorrangige Interessensbereiche der Bürgerinnen (Klages, 2017, S. 198). Aus der Kommunalpraxis sind es Themen wie die Ausweisung neuer Parkplätze in der Innenstadt, der Neubau von Spielplätzen, der Ausbau von Radwegen, die Suche nach Windkraftstandorten oder die Renovierung des Freibads, die für eine hohe Resonanz in der Bürgerschaft bekannt sind. Es sind greifbare Themen mit hoher Alltagsrelevanz, die einen direkten Einfluss auf das unmittelbare Lebensumfeld der Bürgerinnen entfalten. Die persönliche Betroffenheit bei den Themen Digitalisierung und Smart City speist sich hingegen eher aus persönlichem Spezialinteresse und/oder der beruflichen Tätigkeit. Dies belegt das in vielen Kommunen beobachtbare hohe Engagement von themenaffinen Expertinnen, sowohl bei der Strategieerarbeitung als auch bei der späteren Umsetzung von Einzelmaßnahmen.

▶   **Praxistipp: Abstraktionsgrad reduzieren** Wo immer möglich, mindestens jedoch bei der Bewerbung und inhaltlichen Gestaltung des
Partizipationsprozesses, sollte der hohe Abstraktionsgrad der Themen
Digitalisierung und Smart City durch Schaffung eines Alltagsbezugs
reduziert werden. Dies kann durch Herstellung eines Bezugs zu örtlichen Herausforderungen und Schwerpunkten der Gemeindeentwicklung gelingen. Insbesondere vorhandene Leitbilder, integrierte Stadtentwicklungskonzepte oder gesamtgemeindliche Masterpläne stellen
dafür geeignete Anknüpfungspunkte dar. Relevant sind aber auch
sektorspezifische Strategien und politische Konzepte etwa aus den
Bereichen Mobilität, Wohnen oder Klimafolgenanpassung. Ziel muss
das Denken und Sprechen in konkreten lokalen Anwendungsszenarien sein.

Der hohe Abstraktionsgrad digitaler Themen stellt insbesondere auch eine Herausforderung für die begleitende Öffentlichkeitsarbeit zum Strategieprozess dar,
die in Kap. 7 näher behandelt wird.

Unter der Überschrift „Digitalisierung ist Standard" formulieren viele in der
Kommunalpraxis mit den Themen Digitalisierung und Smart City befassten
Verwaltungsangehörigen, dass sich eine allgemeine thematische Übersättigung
negativ auf das Beteiligungsinteresse der Bürgerinnen auswirke. Die Sensibili-
tät und das Interesse an digitalen Themen seien durch dessen Omnipräsenz im
privaten Alltag ebenso wie im Beruf vertrieben worden. Demnach müsse die
Aufmerksamkeit der Bürgerinnen gezielt auf digitale Themen gelenkt werden,
da sich von sich aus niemand mit Fragestellungen dieser Art beschäftige. Von
Kommunen, die bereits einen Smart-City- oder Digitalisierungsstrategieprozess
durchlaufen haben, wird damit einhergehend auch eine mangelnde Wahrnehmung
des gesamten Verfahrens angesprochen. Nicht selten werden mehrmonatige und
von Beteiligungsaufrufen begleitete Strategieerarbeitungsprozesse in der lokalen
Bürgerschaft kaum wahrgenommen. Dieser Befund ist unter mehreren Gesichtspunkten problematisch. Erstens leidet die Beteiligung der Bürgerinnen am
Strategieprozess unter mangelnder Sichtbarkeit unmittelbar. Zweitens wirkt sich
dies auch auf die Bewertung der Effektivität von Digitalisierungsbemühungen in
der Kommune insgesamt aus. Für weitere Ressourcenbereitstellungen durch den
Gemeinderat und die daraus resultierende kommunalpolitische Bedeutung, die
dem Thema für die Zukunft verliehen wird, ist Wahrnehmung, Akzeptanz und
Unterstützung durch die Bürgerinnen essentiell. Mangelnde Aufmerksamkeit in
der Bürgerschaft ist deshalb nicht nur ein bedauernswerter Umstand, sondern

gefährdet massiv den weiteren Weg zur smarten Kommune und muss unbedingt mithilfe geeigneter Maßnahmen bewältigt werden (vgl. dazu weiterführend Kap. 7).

Über die beschriebenen Herausforderungen „Digitalisierung ist zu abstrakt" und „Digitalisierung ist Standard" hinaus, ist für den Zeitraum ab Strategieverabschiedung, mithin in der Umsetzung von Einzelmaßnahmen und -projekten eine weitere Problematik zu bewältigen. Die Verantwortlichkeit für die Umsetzung von Maßnahmen der Strategie wird von den beteiligten Akteurinnen in der Gemeinde ganz überwiegend ausschließlich bei der Kommunalverwaltung gesehen. Es sind in der Kommunalpraxis regelmäßig nur einzelne Bürgerinnen zur Mitwirkung an der späteren Umsetzung von Projekten bereit. Die Rollen von Bürgerschaft und Kommunalverwaltung werden häufig mit dem Begriff „Auftraggeber-Auftragnehmer-Verhältnis" umschrieben. Die Kommunalverwaltung fühlt sich häufig von der Bürgerin zur Umsetzung der eigenen Ideen und Vorschläge beauftragt. Die Mitwirkung einer großen Mehrheit der Bürgerschaft erschöpft sich in der einmaligen Einbringung von Ideen. Letztlich sind es in der Kommunalpraxis nur in wenigen Einzelfällen themenaffine Expertinnen, die zur langfristigen Mitarbeit bei der Umsetzung von Maßnahmen bereit sind. In der empirischen Forschung ist dies kein unbekanntes Phänomen. So hebt die Begleitforschung bereits zu frühen bundesdeutschen Smart-City-Projekten, wie dem Vorhaben T-City Friedrichshafen, heraus, dass Mitarbeit und Akzeptanz der Stadtgesellschaft zu den kritischen Erfolgsfaktoren kommunaler Digitalisierungsbemühungen zählen (dazu Hatzelhoffer et al., 2012, S. 161, 229–230 und 240). Darüber hinaus wird die praktische Umsetzung von Einzelmaßnahmen abseits der fehlenden Mitwirkungsbereitschaft aufseiten der Bürgerschaft häufig zusätzlich auch durch die Schwäche von notwendigen Umsetzungspartnern, wie etwa lokalen Vereinen, Unternehmen oder Vereinigungen, erschwert. Diesen Akteuren mangelt es vielfach an Expertise, finanziellen oder personellen Ressourcen oder vernetzenden Strukturen.

Eine aus dem Partizipationsprozess resultierende Erwartungshaltung in Verbindung mit dem Mangel an stadtgesellschaftlicher Mitwirkungsbereitschaft bei der Maßnahmenumsetzung und der Schwäche notwendiger Umsetzungspartner erhöht letztlich den Umsetzungsdruck, der allein auf den Schultern der Kommunalverwaltung lastet. Es ist ratsam, diese Problematik nicht dadurch zu adressieren, dass die Verwaltung Schwächen und Defizite verwaltungsexterner Akteurinnen kurzfristig auszugleichen versucht. Diese Strategie ist in der Kommunalpraxis vielfach beobachtbar, führt jedoch nur zur eigenen Überforderung und verschärft die Problematik zusätzlich. Vielmehr muss mit strukturellen Defiziten notwendiger Umsetzungspartner in grundlegender Weise umgegangen werden. So kann etwa Vereinen Unterstützung beim Zugang zu institutioneller Förderung oder Einzelunternehmen bei der Vernetzung mit regionalen Akteuren wie Kammern oder anderen Interessensverbänden ebenso wie beim Aufbau örtlicher Netzwerkstrukturen wie Geschäftsstellen oder Arbeitskreisen gewährt werden. Zur Steigerung der stadtgesellschaftlichen Mitwirkungsbereitschaft bei der Umsetzung von Maßnahmen der Smart-City-Strategie, können bereits zu Beginn des Partizipationsprozesses angelegte Ermöglichungsstrukturen verbunden mit regelmäßigen Appellen zur Mitarbeit geeignete Ansätze sein.

▶   **Praxistipp: Schwache Umsetzungspartner strukturell unterstützen** Lokale Umsetzungspartner wie Unternehmen, Vereine oder Vereinigungen, die eine Mitwirkung an der Umsetzung von Digitalisierungsprojekten unter Verweis auf einen Mangel an personellen oder finanziellen Ressourcen, Expertise, Vernetzung oder ähnlichen Herausforderungen ablehnen, sollten durch die Kommunalverwaltung strukturell unterstützt und damit zur Mitarbeit nachhaltig befähigt werden. Ein kurzfristiger projektbezogener Ausgleich der Defizite von Umsetzungspartnern durch die Verwaltung sollte hingegen unterbleiben, da dies nur zur eigenen Überforderung beiträgt und die Entwicklung eines klaren Rollenverständnisses verhindert.

6.3   Geeignete Beteiligungsformate und -methoden

„Viel hilft viel" – dieser Prämisse folgen einige, zumeist größere Städte bei der Gestaltung ihrer Formate und Methoden der Bürgerbeteiligung im Rahmen von Smart-City- oder Digitalisierungsstrategieprozessen. Natürlich sind mehrere Termine, unterschiedliche Formate und Methoden, attraktive Rahmenprogramme sowie professionelle Moderation und Begleitung zur Steigerung von Beteiligungsbereitschaft und -erfolg nie falsch und – politischen Willen vorausgesetzt – für große Städte mit umfangreichen finanziellen und personellen Ressourcen auch gut machbar. Für kleine Gemeinden bedeutet eine Beteiligungsveranstaltung relativ betrachtet hingegen eine ungleich höhere Belastung der örtlichen Kommunalverwaltung. Format, Methode, Setting und Schlagzahl von Veranstaltungen wollen also gut überlegt sein, um mit machbarem Aufwand einen möglichst großen Effekt zu erzielen.

Die große Mehrheit kleiner Gemeinden beschränkt sich für die Erarbeitung von Smart-City- oder Digitalisierungsstrategien auf lediglich eine Veranstaltung, die alle interessierten Bürgerinnen der Kommune ansprechen und in einem Setting vereinen soll. Format und Methode werden dementsprechend so gewählt, dass während der Veranstaltung unterschiedliche Interessensgruppen zu allen strategierelevanten inhaltlichen Themen diskutieren können. Die Vorteile dieses Vorgehens liegen auf der Hand. Mit vertretbarem Zeit- und Ressourceneinsatz wird allen Interessierten die Gelegenheit zur Mitwirkung eröffnet. Als Nachteile sind insbesondere eine fehlende Differenzierung hinsichtlich Inhalte, Interessen und Anforderungen der unterschiedlichen stadtgesellschaftlichen Zielgruppen zu nennen. Die Praxis in zahlreichen kleinen Gemeinden zeigt jedoch, dass ein gemeinsamer Termin für alle Interessierten durchaus sachgerecht und zielführend und damit letztlich ausreichend sein kann. Bei entsprechender Gestaltung des Termins kann es durchaus gelingen, mit einem möglichst vielfältigen Teilnehmerkreis wertvolle Ergebnisse zu erarbeiten. Es gibt lediglich eine Zielgruppe, die auf diesem Wege regelmäßig nicht erreichbar ist und die deshalb einer besonderen Aufmerksamkeit bedarf: Jugendliche sind besser über eigene Formate zu aktivieren.

Speziell für sehr beteiligungsbedürftige Themen wie die Gestaltung der digitalen Transformation in der eigenen Kommune haben sich in zahlreichen Gemeinden mitgestaltende, kooperative, deliberative und dialogorientierte Beteiligungsmethoden bewährt. In der Beteiligungsliteratur gibt es hierzu eine große Vielfalt an verschiedenen Methoden wie die Zukunftskonferenz, das World Café, die Open-Space-Konferenz oder das BarCamp (dazu Nanz & Fritsche, 2012, S. 68–71 und 79–81, Vetter & Remer-Bollow, 2017, S. 106–107).

▶ **Praxistipp: Der erste Einstieg in Formate und Methoden der Bürgerbeteiligung**
   Sowohl die Literatur als auch das Internet halten für Kommunen eine große Fülle an Vorschlägen und Beschreibungen von Formaten und Methoden der Bürgerbeteiligung bereit.
   Für den ersten Einstieg und zur Verschaffung eines Überblicks eignet sich das Informationsangebot der Landeszentrale für politische Bildung Baden-Württemberg: https://www.lpb-bw.de/informelle-buergerbeteiligung#c62260

Bei der konzeptionellen Planung ist es dabei wichtig, dass die Methodik den angestrebten Zielen der Veranstaltung dient und in die individuellen örtlichen Rahmenbedingungen passt. Es wird nur selten gelingen, die in der Beteiligungsliteratur idealtypisch beschriebenen Vorgehensweisen eins zu eins und der reinen

Lehre entsprechend anzuwenden. Darauf kommt es auch gar nicht an. Viel wichtiger ist es, dass sich alle Beteiligten mit der Methodik wohl fühlen und denjenigen, die aktiv in die Veranstaltung involviert sind, klar wird, wie die methodischen Elemente zu den angestrebten Zielen führen. Nur in diesem Fall ist sichergestellt, dass die Moderatorinnen methodisch nachjustieren können, wenn die Situation dies erfordert. Generell spielen die moderierenden Personen eine zentrale Rolle für den Veranstaltungserfolg. Insbesondere bei Digitalisierungsthemen kommt es immer wieder vor, dass einzelne Teilnehmerinnen Beteiligungsveranstaltungen als Plattform zur Selbstprofilierung und zur Vertretung von Eigeninteressen missbrauchen. Teilweise auch gesteuert durch organisierte Gruppierungen wie beispielsweise mobilfunkkritische Vereinigungen, stellen solche Teilnehmerinnen ein Risiko für die Beteiligungsdynamik dar. In solchen Situationen sind die Moderatorinnen gefragt, einen konstruktiven Umgang mit diesen Teilnehmerinnen zu finden. Darüber hinaus müssen Vielrednerinnen eingebremst, stille Personen einbezogen und Diskussionen regelmäßig entlang der Leitfragen in Richtung des angestrebten Ergebnisses geleitet werden. Sind viele besonders kritische Teilnehmerinnen zu erwarten und/oder keine moderationserprobten Verwaltungsmitarbeiterinnen verfügbar, sollte über die Hinzuziehung einer externen Moderation nachgedacht werden.

Generell sei beteiligungsunerfahrenen Kommunen empfohlen, sich vorab über verschiedene Best-Practice-Beispiele aus anderen Kommunen vergleichbarer Einwohnerinnengrößenklasse und dabei insbesondere über zu vermeidende methodische Fallstricke zu informieren.

Praxisbeispiel: Bürgerinnenbeteiligung in der Stadt Tengen im Hegau

Als besonders positives Beispiel einer sehr beteiligungserfahrenen kleineren Gemeinde ist die baden-württembergische Stadt Tengen im Hegau zu nennen. In der knapp 5000 Einwohnerinnen-Stadt wird Bürgerinnenbeteiligung seit vielen Jahren aus Überzeugung intensiv gelebt. Als Open-Government-Modellkommune des Bundes wurden in Tengen bereits vielfältige Formate und Methoden zur informellen Bürgerinnenbeteiligung erprobt. Zuletzt wurde im Jahr 2022 ein innovatives interkommunales Verfahren in Zusammenarbeit mit der sächsischen Gemeinde Brandis zur Weiterentwicklung der kommunalen Leitbilder unter Mitwirkung geloster Bürgerinnenräte durchgeführt.

Ihre Erfahrungen und Erkenntnisse teilt die Gemeinde über verschiedene auf der städtischen Webseite veröffentlichte Materialien und Berichte: https:// www.tengen.de/pb/home/service+_+rathaus/buergerengagement.html◄

6.3.1 Einsatz digitaler Werkzeuge

Spätestens seit den kollektiven Erfahrungen mit den Auswirkungen der Corona-Pandemie auf die Arbeitswelt, finden immer mehr Formate komplett digital oder hybrid statt und es kommen verstärkt digitale Werkzeuge in analogen Veranstaltungen zum Einsatz. An dieser Stelle gilt das bereits zu Beginn dieses Unterkapitels mit Blick auf Beteiligungsveranstaltungen generell Gesagte. Eine ergänzende digitale Beteiligungsmöglichkeit ist immer begrüßenswert, weil es die Hürden einer Teilnahme senkt, den Bedürfnissen von Menschen mit Einschränkungen besser gerecht wird und damit inklusiv wirkt, eine bessere Vereinbarkeit mit Beruf und Privatleben ermöglicht und den mit einer Beteiligung verbundenen individuellen Aufwand reduziert. Verantwortliche müssen sich jedoch darüber im Klaren sein, dass insbesondere hybride Veranstaltungsformen einen nicht zu unterschätzenden organisatorischen, technischen und damit auch finanziellen Aufwand mit sich bringen. Auch nach zwei Pandemiejahren können die mit einer hybriden Veranstaltung verbundenen Anforderungen mit der in den meisten Rathäusern vorgehaltenen Technikausstattung nicht erfüllt werden. Mehrheitlich wird deshalb auf externe technische Dienstleister zurückgegriffen werden müssen. Bei aller Erwünschtheit kann sich dies nicht jede kleine Gemeinde leisten. Von halbgaren und semiprofessionellen Lösungen ist in diesem Kontext allerdings unbedingt abzuraten. Die Erfahrung zeigt, dass die Bürgerinnen und Bürger wenig Verständnis für schlecht funktionierende Technik haben und dies im Zweifelsfall nur die ohnehin bereits weit verbreitete Auffassung einer digitalen Rückständigkeit der Verwaltung stärkt. „Ganz oder gar nicht" lautet hier die Prämisse.

Unabhängig vom Format erfreuen sich digitale Werkzeuge, wie Live-Umfragen und -Abstimmungen, digitale Pinnwände oder Mindmaps, großer Beliebtheit bei Veranstaltungsteilnehmerinnen. Interaktive Elemente dieser Art beziehen die Teilnehmerinnen ein, lockern auf und sorgen in Kombination mit steilen Thesen und provokativen Fragen für gute Stimmung und eine inspirierende Atmosphäre. Es gibt mittlerweile eine Fülle an Werkzeugen dieser Art, die der Kommunikation, Beteiligung, Kartierung, Kollaboration, Kooperation und Information dienen. Bei der Auswahl eines Werkzeugs für den Einsatz im Rahmen einer Bürgerinnenbeteiligungsveranstaltung sollte neben der Geeignetheit für das konkrete Anwendungsszenario insbesondere auf die Datenschutzkonformität sowie Nutzerinnenfreundlichkeit geachtet werden. Nur wenig ist für Veranstalterin und Teilnehmerinnen frustrierender als begleitendes Bedienen des eigenen Smartphones, wenn die Nutzerinnen mit der Anwendung nicht alleine zurechtkommen.

▶ **Praxistipp: Digitale Werkzeuge für Bürgerinnenbeteiligungsveranstaltungen** Das BBSR (2020) hat speziell für die kollaborative Entwicklung von Smart-City-Strategien eine exemplarische Sammlung und Auswertung digitaler Werkzeuge veröffentlicht. Die Publikation portraitiert insgesamt 20 digitale Tools u. a. hinsichtlich des Anwendungspotentials, der Nutzung und Handhabbarkeit für kommunale Akteurinnen, der Lizenz und des Datenschutzes. Zusätzlich werden zu jedem Werkzeug Anwendungsbeispiele aus Kommunen genannt. Die Veröffentlichung ist über die Webseite des BBSR kostenlos herunterladbar: https://www.bbsr.bund.de/BBSR/DE/veroeffentlichungen/bbsr-online/2020/bbsr-online-10-2020.html

Digitale Werkzeuge bieten auch außerhalb von punktuellen und themenspezifischen Bürgerinnenbeteiligungsveranstaltungen vielfältige Möglichkeiten, die Bürgerinnen kontinuierlich in die Strategieentwicklung einzubeziehen. Als Klassiker können mittlerweile digitale Partizipationsplattformen gelten, die ein niedrigschwelliges und dauerhaftes Mitwirkungsangebot an die Bürgerschaft darstellen. Darüber hinaus gibt es auch eine Reihe spezifischerer Anwendungen wie offene Karten, gemeinsame Kalender, Tauschbörsen, Pinnwände, Wikis oder Videokonferenztools.

▶ **Praxistipp: Digitale Werkezuge für offene gesellschaftliche Innovation** Unter offener gesellschaftlicher Innovation (englisch: Open Societal Innovation) wird die Öffnung von Innovationsprozessen „… zur Lösung gesellschaftlicher Herausforderungen durch Staat und Gesellschaft" (von Lucke et al., 2015, S. 1) verstanden.

Im Rahmen des Forschungsprojekts „eSociety Bodensee 2020 – Offene gesellschaftliche Innovation in der Bodensee-Region" wurde eine frei verfügbare Datenbank entwickelt, die u. a. Formate, Methoden und Dienste zur Förderung von offener gesellschaftlicher Innovation sammelt.

Die Toolbox for Open Societal Innovation (TosiT) (deutsch: Werkzeugkasten für offene gesellschaftliche Innovation) ist zugänglich unter: https://www.tosit.org/

Exkurs: Digitale Bürgerinnenbeteiligung in Kaiserslautern mit der Beteiligungsplattform „KLMitWirkung"

Digitale Bürgerinnenbeteiligungsplattformen erfreuen sich bei Städten und Gemeinden zunehmender Beliebtheit. Die digitalen Angebote haben viele Vorteile: sie sind

24/7 erreichbar, niedrigschwellig, mit geringem individuellem Aufwand für die Bürgerinnen zugänglich und sie sind – eine entsprechende Gestaltung vorausgesetzt (Stichwort Barrierefreiheit) – inklusiv. Für die Kommunalverwaltung sind die Beteiligungsergebnisse auf Knopfdruck automatisiert auswertbar und können an derselben Stelle veröffentlicht werden. Nicht ohne Grund sind es jedoch vorrangig größere Städte, die eigene Angebote betreiben. Wer eine erfolgreiche Bürgerinnenbeteiligungsplattform haben möchte, muss einiges investieren. Der Plattformbetrieb erfordert zuallererst finanzielle Aufwände. Mindestens ebenso wichtig ist allerdings der erforderliche Personalaufwand zur Betreuung und Bewerbung des digitalen Angebots. Was im Einzelnen hinter einer erfolgreichen Bürgerinnenbeteiligungsplattform steckt und wie der Weg dorthin aussehen kann, soll nachfolgend ein kleiner Exkurs zur Mitmachplattform der Stadt Kaiserslautern „KLMitWirkung" (www.klmitwirkung.de) verdeutlichen (Abb. 6.1).

Mit finanziellem Rückenwind aus der Bundesförderung „Modellprojekte Smart Cities" ging als Maßnahme des Smart-City-Projekts „Stadt.Raum.Wir" im April 2022 die Mitmachplattform „KLMitWirkung" an den Start. Seitdem werden dort insbesondere informelle Beteiligungsverfahren zu Fragestellungen aus den Smart-City-Projekten in Kaiserslautern, aber auch zu Themen der Stadtverwaltung abgebildet. Angsträume, Hitzeinseln und kühle Orte, Ampelsymbole für Einsatzfahrten, Hochwasser- und Starkregenvorsorgekonzept, Fahrradstraße, Namensfindung für ein Stadtteilbüro oder Ideen für die Nutzung öffentlicher

Abb. 6.1 Bürgerinnenbeteiligungsplattform der Stadt Kaiserslautern „KLMitWirkung"

Plätze sind nur ein paar Themen, die bisher von den Bürgerinnen kommentiert oder abgestimmt werden konnten. Bereits die Themenvielfalt macht deutlich, dass „KLMitWirkung" verschiedene Funktionalitäten hinsichtlich der Abbildung der Verfahren erfüllen muss. So sind neben den klassischen Single- und Multiple-Choice-Abfragen, Freitextfeldern und Skalenbewertungen auch Kategorisierungen über Tagging und Kartierungen möglich. Schon während der Erstellung des Lastenhefts für Zwecke der öffentlichen Ausschreibung der Plattform mussten daher möglichst vielfältige Anwendungsszenarien mitgedacht und eine größtmögliche Flexibilität angestrebt werden.

Flexibilität und möglichst viel Autarkie braucht es auch bei der Erstellung neuer und der Betreuung laufender Beteiligungsverfahren auf der Plattform. Wer diese nicht selbst hostet, sollte darauf achten, dass möglichst viele Arbeitsschritte durch eigenes Personal erledigt werden können. Das spart Zeit und Kosten. „KLMitWirkung" folgt einem Baukastenprinzip. Die Flexibilität der Plattform reicht also nur soweit auch von der Anbieterin vorgefertigte Bausteine für bestimmte Funktionalitäten zur Verfügung gestellt werden. Dies schränkt einerseits Möglichkeiten ein, erlaubt andererseits aber auch das Handling durch eigene Mitarbeiterinnen ohne allzu tiefe technische Vorkenntnisse.

Generell ist sehr zu empfehlen, die Betreuung der Plattform in die Hände einer festen Mitarbeiterin zu geben, die die einzelnen Fachämter der Kommunalverwaltung beim Anlegen eigener Beteiligungsverfahren, der Moderation und der Ergebnisauswertung unterstützt. Ziel muss es sein, die Beteiligungsplattform in der Kommunalverwaltung dezentral zu verankern und die Organisationseinheiten entsprechend zu befähigen. Die federführend zuständige Person sollte auch dafür Sorge tragen, dass die Plattform anhand des Feedbacks der Nutzerinnen aus Verwaltung und Bürgerschaft ständig weiterentwickelt wird. Ist eine kritische Masse an nutzenden Verwaltungseinheiten erreicht, sollte die zeitintensive Einzelbetreuung durch leicht verständliche und bebilderte Anleitungen oder Handbücher ergänzt bzw. schrittweise ersetzt werden.

Zu den wichtigsten Erfolgsfaktoren zählen Aktualität und Öffentlichkeitsarbeit. Zur Bekanntmachung und Etablierung einer Beteiligungsplattform braucht es Zeit und eine intensive Öffentlichkeitsarbeit. So wird für „KLMitWirkung" auch ein Jahr nach dem Start noch immer umfangreich und auf allen denkbaren Kanälen geworben: Vom Amtsblatt, der Lokalpresse, Social-Media-Kanälen, dem Lokalradio, Werbung in städtischen Bussen, Präsenz auf lokalen Veranstaltungen bis hin zu Plakaten, Flyern, Anzeigen, Anschreiben und Besuche in örtlichen Schulen, Einspielern im Fernsehen und Werbung über Sponsoring für örtliche Breitensportvereine. Besonders gut funktionieren kleine Gewinnspiele, Rätsel,

Fotoaktionen und analoge (!) Abstimmungskarten, über die zahlreiche neue Nutzerinnen für „KLMitWirkung" gewonnen werden konnten. Damit die Bürgerinnen
bei der Stange bleiben, muss außerdem immer mindestens ein Beteiligungsverfahren auf der Plattform zur Mitwirkung geöffnet sein. Tut sich längere Zeit
nichts, verlieren die Menschen das Interesse und wenden sich von der Plattform
ab, die mit anderen Online-Angeboten um knappe Aufmerksamkeit konkur-
riert. Auch deshalb ist eine breite Nutzung der Plattform durch verschiedene
Organisationseinheiten der Stadtverwaltung so wichtig.

Von den ersten Überlegungen bis zum Start von „KLMitWirkung" ist in
Kaiserslautern circa ein Jahr vergangen. In dieser Zeit wurde insbesondere das
Vergabeverfahren zur Beauftragung einer Anbieterin durchgeführt, Datenschutz-
richtlinien, Nutzungsbedingungen, Moderationskonzept und Netiquette erstellt
sowie erste Beteiligungsverfahren ausgearbeitet. Die Arbeit an „KLMitWirkung"
wird so schnell jedoch nicht enden, denn es gibt immer etwas zu verbes-
sern, weitere Nutzerinnengruppen zu gewinnen und neue Beteiligungsverfahren
anzustoßen.

In einem nächsten Schritt wird „KLMitWirkung" einen festen Platz in den in
Kaiserslautern neu entstehenden Leitlinien für Bürgerinnenbeteiligung erhalten.
Auf diese Weise soll sich die Plattform sukzessive als fester Bestandteil einer
lebendigen Partizipationskultur in einer modernen Stadt etablieren.

6.3.2   Inhaltliche Gestaltung

Nachdem nun vieles über geeignete Formate und Methoden gesagt ist, soll es im
Folgenden um die inhaltliche Gestaltung von Bürgerinnenbeteiligungsveranstal-
tungen gehen. Denn auch in dieser Hinsicht gilt es bei digitalen Themen einige
Besonderheiten zu beachten. Bereits in Abschn. 6.2 wurde ausgeführt, dass eine
Bearbeitung der Themenbereiche Digitalisierung und Smart City durch den hohen
Abstraktionsgrad erschwert und diese für Laien deshalb besonders aufbereitet
werden müssen. Mit zu offenen Fragestellungen ohne inhaltliches Geländer, an
dem sich die Diskussionsteilnehmerinnen entlanghangeln könnten, tut man der
Veranstaltung keinen Gefallen. Wenn es also darum geht, die digitale Zukunft
der eigenen Gemeinde zu entwerfen, müssen unbedingt Bezüge zu konkreten
örtlichen Herausforderungen und Problemlagen hergestellt und sichergestellt werden, dass im Rahmen der Diskussionen auch denkbare technische Lösungsansätze
eingebracht werden.

Dabei sollte allerdings darauf geachtet werden, dass die Themen, Problemstellungen und Lösungsansätze möglichst nicht durch Angehörige der Kommunalverwaltung gesetzt werden. Verwaltungsmitarbeiterinnen sollten sich nicht aktiv

an den Diskussionen beteiligen, sondern allenfalls moderieren oder die Gespräche nur passiv verfolgen. Dieser Empfehlung liegt die Beobachtung zugrunde,
dass stark verwaltungsdominierte und -bestimmte Verfahren und Veranstaltungen, die Verwaltungsexternen zu wenig Raum lassen, kaum neue Gedanken
und Vorschläge hervorbringen. Vielmehr führt dies lediglich zur Bestätigung
der Verwaltungsposition und führt damit den Partizipationsprozess ad absurdum.
Stattdessen sollten insbesondere Gemeinderätinnen, engagierte Bürgerinnen (sog.
„Macherinnen") und Expertinnen eine größere Rolle spielen.

Um Diskussionen mit Laien in die gewünschte Richtung zu lenken, braucht
es starke Impulsgeberinnen. Die Praxis zeigt, dass es den Bürgerinnen abseits
des Expertentums schwerfällt, örtliche Problemlagen und Herausforderungen mit
technischen Lösungsansätzen in Verbindung zu bringen. Auch deshalb sollten
unbedingt ausreichend Expertinnen für Bürgerinnenbeteiligungsveranstaltungen
gewonnen werden. Andernfalls besteht das Risiko, dass sich die Diskussionen in
immer feiner ausdifferenzierte Problemanalysen festfahren oder in ein kreatives
Wünsch-dir-was münden, ohne dass man sich realistisch umsetzbaren Lösungs-
szenarien nähert. Zur Anregung der Fantasie und Kreativität der Teilnehmerinnen
funktionieren auch kurze Impulsvorträge von bestenfalls lokalen und hilfsweise
ortsfremden Expertinnen zu andernorts erfolgreich umgesetzten Smart-City- oder
Digitalisierungsprojekten. Idealerweise sollten Projekte aus Kommunen ähnlicher
Größe und/oder der näheren Umgebung vorgestellt werden, die möglichst viele
Parallelen zur eigenen Gemeinde aufweisen.

▶   **Praxistipp: Mehr Frauen auf die Bühnen und Podien**
    Gleichstellungsbemühungen haben in den letzten Jahren erfreuliche
    Fortschritte gemacht. So werden ausschließlich oder überwiegend
    männlich besetzte Podien und Referentenlisten vom Publikum immer
    weniger akzeptiert und zunehmend öffentlich kritisiert. Dementspre-
    chend ist die Sensibilität für die Beteiligung von Frauen an Veran-
    staltungsprogrammen allgemein gestiegen. Bei der Gestaltung von
    lokalen Bürgerinnenbeteiligungsveranstaltungen sollte diesen positi-
    ven Entwicklungen ebenfalls Rechnung getragen werden.
    Im Internet finden sich verschiedene Datenbanken zu Referentin-
    nen, Moderatorinnen und Diskutantinnen, die gerne über Digitalisie-
    rung, Smart City, Verwaltung und ähnliche Themen öffentlich spre-
    chen. Die Speakerinnen-Plattform https://speakerinnen.org/ ist nur ein
    Beispiel dafür.

Zum Ende der Veranstaltung sollte bestenfalls durch die Bürgermeisterin unbedingt ein Ausblick zur Ergebnisverwendung und dem weiteren Verfahren gegeben werden. Die teilnehmenden Bürgerinnen sollten das Event mit dem guten Gefühl verlassen, dass sich ihre Mühen gelohnt haben. Sie sollten wissen, wie das weitere Vorgehen konkret aussieht.

6.3.3 Beteiligung festigen

Eine regelmäßig nur geringe Bereitschaft zur dauerhaften Mitwirkung an der Umsetzung von Digitalisierungsmaßnahmen wurde bereits in Abschn. 6.2 als Herausforderung des Beteiligungsprozesses beschrieben. In Ermangelung eines umfassenden Handlungsspielraums, müssen sich die Bemühungen der Kommunalverwaltung zur Bewältigung dieser Herausforderung auf die Einrichtung von Ermöglichungsstrukturen konzentrieren. Dies können beispielsweise Stabsstellen oder Beauftragte für bürgerschaftliches Engagement in der Kommunalverwaltung, von der Verwaltung projektbegleitend koordinierte regelmäßige Arbeitsgruppen, Stammtische oder ähnliche ständige Formate bis hin zum Betrieb von Stadtlaboren als feste Anlaufstellen für bürgerschaftliches Engagement sein. Im Kern geht es darum, bürgerschaftliches Engagement von Seiten der Verwaltung bestmöglich zu fördern, indem insbesondere koordinierende Aufgaben übernommen, Netzwerke gepflegt, Informationen aufbereitet, Projektgelder akquiriert und kommunale Infrastruktur wie Räume und Dienstleistungen bereitgestellt werden.

Tatsächlich sind in den vergangenen Jahren befördert durch kontinuierliche finanzielle Unterstützung im Rahmen von Förderprogrammen des Bundes und der Bundesländer immer mehr Orte des zivilgesellschaftlichen Engagements in kommunaler Federführung entstanden. Die vielfältigen Betriebskonzepte sehen dabei u. a. CoWorking-Möglichkeiten, Repair-Cafés, Fabrication Laboratories (sog. FabLabs), Makerspaces und Werkstätten, Workshopreihen, Veranstaltungen sowie Bildungs- und Kulturangebote für die Bürgerschaft vor. Die vielerorts vorhandenen, aber immer weniger genutzten Bürgerinnen- und Gemeindehäuser sind für diese Zwecke als Begegnungsräume prädestiniert und können mit neuem Nutzungskonzept wiederbelebt werden. Alternativ eignen sich auch einzelne Räume in Rathäusern oder Schulgebäuden sowie Leerstände in Innenstädten und Ortskernen.

▶ **Praxistipp: Labore, Zentren, Hubs, Spaces und Häuser – bürgerschaftliches Engagement braucht analoge Orte**
Bürgerschaftliches Engagement lebt von der Begegnung, dem Austausch und dem gemeinsamen Einsatz für das Gemeinwohl. Dafür
braucht es geeignete analoge Orte und gut ausgestattete Räumlichkeiten.
Folgende gute Beispiele sollen dazu als Inspiration dienen:

- Das MachMit!Haus in Goslar (rund 50.000 Einwohnerinnen, Nieder-
  sachsen): https://machmit.goslar.de/machmit-haus
- Das Digitalzentrum DIZ im Amt Süderbrarup (rund 11.500 Einwohnerinnen, Schleswig-Holstein): https://www.diz.digital/startseite
- Das Stadtlabor in Haßfurt (rund 13.300 Einwohnerinnen, Bayern):
  https://www.smartcityhassfurt.de/projekte/stadtlabor/
- Das Stadtlabor in Soest (rund 49.000 Einwohnerinnen, Nordrhein-
  Westfalen): https://stadtlabor-soest.de/
- Das Urban Data Lab und das Civic Data Lab in Oldenburg (rund
  168.000 Einwohnerinnen, Niedersachsen): https://www.oldenburg.
  de/startseite/buergerservice/digitalisierung/definition-digitalisier
  ung/digitale-lernlabore.html

Für kleinere Gemeinden bietet sich die Umsetzung solcher Angebote und Strukturen in interkommunaler Zusammenarbeit an, weil sich eine kritische Masse
an Angeboten und Nutzerinnen eher gemeindeübergreifend realisieren und die
Finanzierung gemeinsam besser stemmen lässt. Kooperation lautet auch das Zau-
berwort bei der Durchführung von Veranstaltungen und der Umsetzung von
Angeboten. Volkshochschulen, Schulen, Hochschulen, Universitäten, Kinderbe-
treuungseinrichtungen, Vereine, Verbände, Vereinigungen, Kultureinrichtungen
und ähnliche Organisationen ebenso wie zivilgesellschaftliche Initiativen sollten unbedingt als feste Partnerinnen zur Belebung der Räumlichkeiten gewonnen
werden.

6.3.4 Eigene Formate für Jugendliche

Es wurde bereits konstatiert, dass in kleinen Gemeinden mit allgemeinen Beteiligungsformaten und einer gemeinsamen Veranstaltung grundsätzlich eine große
Abdeckung in den verschiedenen stadtgesellschaftlichen Zielgruppen erreicht
werden kann. Die Praxis zeigt, dass lediglich die Zielgruppe der Jugendlichen

separat adressiert werden muss, da diese über allgemeine Beteiligungsaufrufe regelmäßig nicht zu erreichen ist. Diese Feststellung gilt unterschiedslos auch für Beteiligungsverfahren zu digitalen Themen. Entscheidend sind dabei nicht etwa spezielle zielgruppenspezifische Methoden oder Formate. Tatsächlich kommen in der Kommunalpraxis für Kinder und Jugendliche ähnliche deliberative, mitgestaltende und dialogorientierte Beteiligungsmethoden zur Anwendung, wie sie auch bei Erwachsenen eingesetzt werden. Auch die inhaltliche Konzeption der Veranstaltungen unterscheidet sich nicht grundlegend von Formaten für Erwachsene. Die Attraktivität eines eigenen Formats für Jugendliche ergibt sich für diese vielmehr aus der Teilnehmerinnenlandschaft und dem Rahmenprogramm.

Besonders positiv auf die Teilnahmebereitschaft von Jugendlichen an Beteiligungsveranstaltungen wirkt sich ein zielgruppenspezifisches Rahmenprogramm, beispielsweise bestehend aus Sport- und Musikworkshops aus. In die Bekanntmachung und Gestaltung von Beteiligungsformaten sollten außerdem unbedingt örtlichen Schulen und Jugendhäuser einbezogen werden. Es hat sich gezeigt, dass in den Unterricht eingebettete beziehungsweise auf den Stundenplan abgestimmte und über die Schulen beworbene Veranstaltungen deutlich besser besucht waren als nur über allgemeine Kanäle bekanntgemachte und unabgestimmte Termine. Die Beobachtungen in der Kommunalpraxis zeigen, dass Jugendliche durchaus (kommunal)politisch interessiert sind und sich für ihr unmittelbares Lebensumfeld in der Gemeinde engagieren möchten. Dieses Interesse muss allerdings speziell adressiert und durch eine besondere Ansprache aktiviert werden.

Mit Blick auf eine nachhaltige Stärkung der Beteiligungskultur unter Jugendlichen ist es außerdem wichtig, dass die im Rahmen der Jugendbeteiligung erarbeiteten Ideen und Vorschläge aufgegriffen und weiterverwendet werden. Mindestens ist jedoch zu erläutern, aus welchen Gründen einzelne Ergebnisse eventuell nicht weiterverfolgt werden. In der Praxis kommt es immer wieder vor, dass den Ergebnissen aus der Jugendbeteiligung nicht dieselbe Aufmerksamkeit geschenkt wird wie den Beiträgen aus der Erwachsenenbeteiligung. Der damit vermittelte Eindruck eines Beteiligungsverfahrens zweiter Klasse sollte unbedingt vermieden werden.

▶   **Praxistipp: Informations- und Unterstützungsangebote nutzen** Ebenso wie für die allgemeine Bürgerinnenbeteiligung gibt es auch für die Beteiligung von Kindern und Jugendlichen im Internet eine fast unüberschaubare Fülle an Informations- und Unterstützungsangeboten für Kommunen. Neben den Landeszentralen für politische Bildung stellen auch zahlreiche zivilgesellschaftlich

getragene Vereinigungen, die die Teilhabe von Kindern und Jugendlichen am politischen und gesellschaftlichen Leben stärken möchten,
vielfältige Services bereit.
   Beispielsweise hat der Verein Servicestelle Jugendbeteiligung e. V.
auf seiner Webseite eine ganze Reihe hilfreicher Informationen, Materialien und Tipps für eine erfolgreiche Kinder- und Jugendbeteiligung
zusammengestellt: https://www.servicestelle-jugendbeteiligung.de/

6.4   Zusammenfassung: Erfolgsfaktoren der Bürgerinnenbeteiligung

Dieses Kapitel abschließend werden die vorstehend im Detail beschriebenen
Erfolgsfaktoren grafisch zusammengefasst, die sich aus praktischen Partizipationsprozessen im Zusammenhang mit der Erarbeitung von Smart-City- und Digitalisierungsstrategien in kleinen Kommunen destillieren lassen (vgl. Abb. 6.2).

Abb. 6.2 Erfolgsfaktoren der Bürgerinnenbeteiligung zu Smart-City- und Digitalisierungsthemen in kleinen Kommunen

Literatur

Benz, I. (2023). *Zukunft smarte Kommune – Modellentwurf, Vorgehen und Handlungsempfehlungen für kleine Städte und Gemeinden.* Springer Fachmedien GmbH. https://doi.org/
10.1007/978-3-658-40373-7.

Bundesinstitut für Bau-, Stadt- und Raumforschung. (Hrsg.). (2020). Digitale Tools für
die kollaborative Entwicklung von Smart City Strategien. *BBSR-Online-Publikation 10/
2020.* Bonn.

Bundesinstitut für Bau-, Stadt- und Raumforschung. (Hrsg.). (2022). Akteurskonstellationen
in der digitalen Stadt: Ansätze zur Einbindung verwaltungsexterner Akteursgruppen in
deutschen Smart-City-Vorhaben. *BBSR-Online-Publikation 25/2022.* Bonn.

Hatzelhoffer, L., Humboldt, K., Lobeck, M., & Wiegandt, C. (2012). *Smart City konkret:
Eine Zukunftswerkstat in Deutschland zwischen Idee und Praxis. Evaluation der T-City
Friedrichshafen.* Jovis Verlag.

Kersting, N. (2008). Evaluation dialogischer Beteiligungsinstrumente. In N. Kersting
(Hrsg.), *Politische Beteiligung: Einführung in dialogorientierte Instrumente politischer
und gesellschaftlicher Partizipation* (Bd. 28, S. 270–292). VS Verlag.

Klages, H. (2017). Bürgerbeteiligung auf kommunaler Ebene – Welche Zukunftsperspek-
tiven eröffnen sich im Anschluss an einen gegenwärtigen Innovationsschub? In J. von
Lucke & K. Lenk (Hrsg.), *Verwaltung, Informationstechnik & Management, Festschrift
für Heinrich Reinermann zum 80. Geburtstag* (S. 193–202, Bd. 17). Nomos.

Nanz, P., & Fritsche, M. (2012). *Handbuch Bürgerbeteiligung: Verfahren und Akteure,
Chancen und Grenzen, Schriftenreihe, Band 1200.* Bundeszentrale für politische Bildung.

Vetter, A., & Remer-Bollow, U. (2017). *Bürger und Beteiligung in der Demokratie: Eine
Einführung.* Springer Fachmedien GmbH. https://doi.org/10.1007/978-3-658-13722-9.

von Lucke, J., Herzberg, J., Kluge, U., vom Brocke, J., Müller, O., & Zimmermann, H.
(2015). Offene gesellschaftliche Innovation: Die Seealemannische Definition. IBH Projekt eSociety Bodensee 2020. https://esocietybodensee2020.de.

Öffentlichkeitsarbeit ernst nehmen 7

Gutes tun und darüber reden

Insbesondere in kleinen Gemeinden werden Öffentlichkeitsarbeit und Kommunikation im Gesamtportfolio kommunaler Aufgaben häufig stiefmütterlich behandelt. Knappe personelle Ressourcen werden aus durchaus nachvollziehbaren Gründen zuerst für die Erfüllung kommunaler Pflichtaufgaben eingesetzt. Öffentlichkeitsarbeit ist davon nicht umfasst. In zahlreichen Rathäusern einwohnerschwächerer Kommunen werden daher Kommunikationsaufgaben auf die einzelnen Fachämter verteilt, die zusätzlich zum Tagesgeschäft noch Berichte und Texte für die kommunale Webseite, das Amtsblatt oder für Pressemitteilungen der Verwaltung generieren müssen. Die Verwaltungsmitarbeiterinnen in den Fachämtern handeln dabei meistens ohne die notwendige fachliche Qualifikation und in dem Wissen, dass jede Minute Kommunikationsarbeit nicht zur Bewältigung des Tagesgeschäfts zur Verfügung steht. Eine professionelle Öffentlichkeitsarbeit findet mithin in der überwiegenden Mehrzahl kleiner Gemeinde nicht statt. Freilich gibt es auch hier einzelne Positivbeispiele, wo infolge entsprechender kommunalpolitischer Prioritätensetzung und damit verbundener Ressourcenbereitstellung eine Professionalisierung der Öffentlichkeitsarbeit stattgefunden hat. Ausnahmen bestätigen die Regel.

7.1 Nicht auf gewohnte Kanäle beschränken

In Kenntnis dieser praktischen Gemengelage wundert es nicht, dass sich kleine Gemeinden auch bei ihrer Öffentlichkeitsarbeit zu Smart-City- oder Digitalisierungsstrategieprozessen überwiegend auf gewohnte Kanäle wie das Amtsblatt, die Webseite der Kommune, lokale Aushänge oder örtliche Zeitungen und damit auf Angebote des passiven Informationskonsums beschränken. Dieses Vorgehen wirkt sich jedoch erstens negativ auf die Informationsreichweite aus und

I. Benz, *Smarte Kommune*, https://doi.org/10.1007/978-3-658-42888-4_7

beeinflusst zweitens die Wirksamkeit der Zielgruppenansprache negativ. So zählen in vielen Kommunen überwiegend Seniorinnen zum Hauptleserinnenklientel des Amtsblattes, dessen Abonnementzahlen bereits seit Jahren generell rückläufig sind. Die Breite der Bürgerschaft wird auf diesem Weg hingegen nicht erreicht. Zweitens bieten die genannten gewohnten Kanäle lediglich rezipierbare Information anstelle von Kommunikation. Partizipations-, Vernetzungs-, Produktions- und Selbstorganisationspotentiale von sozialen Medien (dazu Mergel et al., 2013, S. 29 ff.) bleiben damit vollständig ungenutzt.

▶ **Definition: Was sind „soziale Medien"?** Mergel et al., (2013, S. 28) definieren „soziale Medien" als Sammelbegriff für „… soziale Netzwerke (Facebook, Twitter & Co.), Medienplattformen (YouTube, Wordpress, Flickr & Co.), […] und verschiedene Services im World Wide Web …", die „… neue Möglichkeiten, sich zu informieren, zu kommunizieren, sich zu vernetzen und zu kooperieren [bieten]".

So böte sich beispielsweise zur Bewertung vorläufiger Maßnahmen der Smart-City-Strategie nach der Bürgerinnenbeteiligungsveranstaltung eine gute Möglichkeit zur Nutzung der Vorteile sozialer Medien. Auch die Ausspielung regelmäßiger Aufrufe zur Mitarbeit an der Maßnahmenumsetzung ist denkbar. Soziale Medien oder Bürger-Apps werden in der Kommunalpraxis bisher jedoch nur vereinzelt und meist für einmalige informierende Beiträge genutzt. Echte Bürgerinnenbeteiligung über soziale Medien findet hingegen – auch in vielen größeren Städten – grundsätzlich (noch) nicht statt (mit analogen Ergebnissen auch Nell & Cetin, 2021, S. 8). Die Zurückhaltung bei der Nutzung von sozialen Medien erklären viele kommunale Verantwortliche mit einem befürchteten Kontrollverlust durch kaum steuerbare öffentliche Meinungsbildung mit hoher Geschwindigkeit. In diesem Verständnis nimmt die Kommunalverwaltung soziale Netzwerke negativ wahr und sieht diese eher als Risiko, denn als Chance. Darüber hinaus sieht sich die Verwaltung aufgrund von Personalmangel regelmäßig nicht in der Lage, dem Aktualitätserfordernis von sozialen Medien angemessen Rechnung zu tragen (vgl. dazu auch Nell & Cetin, 2021, S. 7).

Für eine erfolgreiche Öffentlichkeitsarbeit zu Smart-City- und Digitalisierungsstrategieprozessen kann kleinen Gemeinden empfohlen werden, den gesamten Prozess, insbesondere jedoch Einladungen zu Beteiligungsveranstaltungen, über Kanäle mit überlokaler Sichtbarkeit bekanntzumachen und zu bewerben. Dies können soziale Netzwerke, Bürger-Apps, Portale, Foren, Newsletterdienste, Blogs, aber auch regionale Zeitungen, Plakatierungen an Knotenpunkten und analoge Pinnwände in relevanten Institutionen sein. Auf diese Weise können auch regional ansässige Akteurinnen mit potentiellem Interesse an einer Veranstaltungsteilnahme erreicht werden. Gemeint sind hier vor allem Vertreterinnen des Landkreises, von Universitäten oder von Regionalverbänden und regionalen Initiativen. Im Ergebnis sollten sich auch Kommunen die Potentiale der Öffnung von Innovationsprozessen für die Außenwelt zu Nutze machen, auf die bereits seit vielen Jahren in der Forschung zu Open Innovation (Chesbrough, 2003, 2006; Enkel et al., 2009) hingewiesen wird (in diesem Sinne schon Oks & Möslein, 2018, S. 16).

7.2 Dialogorientiert und mitwirkungsfördernd kommunizieren

Wo seitens der Kommunalverwaltung über Smart-City- oder Digitalisierungsstrategieprozesse öffentlichkeitswirksam berichtet wird, beziehen sich diese Berichte schwerpunktmäßig auf stattgefundene Gemeinderatssitzungen oder Bürgerinnenbeteiligungsveranstaltungen. Außerdem lassen sich häufig imagefördernde Veröffentlichungen zum Erhalt von Fördermitteln oder zur Verabschiedung von Smart-City- oder Digitalisierungsstrategien als Gegenstände der Kommunikation ausmachen. Die Information der Bürgerinnen hat damit oftmals einen rein berichtenden und rückblickenden Charakter. Appelle, Aufforderungen zur Teilnahme am Strategieprozess oder ähnliche aktivierende Elemente werden regelmäßig nicht eingesetzt. Berichte erfolgen anlassbezogen und punktuell im Nachgang zu Sitzungen, Terminen und Veranstaltungen und sind damit unregelmäßig. In der Kommunalpraxis kann allgemein eine geringe Aktivität bei der Öffentlichkeitsarbeit zu Smart-City- oder Digitalisierungsstrategieentwicklungsprozessen beobachtet werden. Über diese Prozesse wird nur selten und dann eher zurückhaltend berichtet. Personalmangel und der Wunsch, das Entstehen einer nicht erfüllbaren Erwartungshaltung aufseiten der Bürgerinnen zu vermeiden, werden häufig als Begründungen angegeben.

Vor dem Hintergrund der bereits in Abschn. 6.2 näher beschriebenen besonderen Herausforderungen bei der partizipativen Bearbeitung von Smart-City- und Digitalisierungsthemen muss die Kommunikation darüber jedoch mehr Aufmerksamkeit und eine höhere Wahrnehmung in der Bürgerschaft erzeugen, als dies bei kommunalpolitischen Themen generell der Fall ist. Deshalb sollten unbedingt die Partizipations-, Vernetzungs- und Selbstorganisationspotentiale von sozialen Medien genutzt werden (zustimmend Nell & Cetin, 2021, S. 9). Anstelle von nur rezipierbarer Information sind ständige Appelle und Aufforderungen zur Mitarbeit im Strategieprozess sowie bei der späteren Umsetzung von Digitalisierungsmaßnahmen erforderlich. Fast überflüssig zu erwähnen ist, dass die digitalen Beteiligungsbeiträge dann mindestens auch an die politischen Entscheidungsträgerinnen weitergeleitet werden müssen, um Enttäuschung und Desinteresse am Beteiligungsprozess zu vermeiden (Scherer et al., 2010, S. 55–56). Bestenfalls werden diese auch aufgegriffen und wo möglich umgesetzt. Kommunikationswürdig sind außerdem nicht nur Start und Abschluss von Maßnahmen und Projekten, sondern beispielsweise auch erreichte Meilensteine und wichtige Zwischenergebnisse.

Die beteiligungsbedürftige Gestaltung des digitalen Wandels in der Gemeinde bedarf generell einer spezifischen, von der üblichen Art der Veröffentlichung amtlicher Nachrichten differenzierten Kommunikation. Klar ist, dass dies vielerorts nicht ohne Kapazitätsaufbau im Bereich der Presse- und Öffentlichkeitsarbeit gelingen wird (zustimmend Scherer et al., 2012, S. 146). Eine erfolgreiche Öffentlichkeitsarbeit braucht ein ganzheitliches Kommunikationskonzept, das alle relevanten Akteurinnen und Zielgruppen auf lokaler und überregionaler Ebene einbezieht und auch auf den Erfahrungs- und Wissenstransfer in andere Städte und Gemeinden zielt (Thapa et al., 2020, S. 22). Zur teilweisen Kompensation von Personalmangel und zur verbesserten Ansprache spezieller Zielgruppen empfehlen Nell und Cetin (2021, S. 10) die gezielte Kooperation mit lokalen oder regionalen Partnerinnen wie Sportlerinnen, Studentinnen, Musikerinnen oder Influencerinnen. Hilfreich kann dabei auch die Einbindung der Social-Media-Aktivitäten örtlicher Unternehmen, Vereine oder Schulen sein, was nicht zuletzt auch die Reichweite der kommunalen Beiträge erhöht (ebd., S. 12). Zur Erhöhung der eigenen Reichweite kann auch die Bildung und Pflege eines Social-Media-Netzwerks mit lokalen Institutionen, örtlich aktiven Vereinigungen sowie insbesondere kommunalen Unternehmen, die häufig eigene Social-Media-Kanäle unterhalten, hilfreich sein. Innerhalb solcher Netzwerke kann beispielsweise vereinbart werden, die Beiträge der Netzwerkpartnerinnen zu teilen und sich gegenseitig zu verlinken. Neben dem Reichweiteneffekt trägt dies auch zur weiteren Stärkung des Vertrauens bei, wenn Bürgerinnen Beitragsempfehlungen von ihnen bekannten und vertrauenswürdigen Quellen erhalten (Kahl, 2022, S. 55). Vertrauen wiederum gilt als Grundlage für Akzeptanz (ebd., S. 43).

Schließlich muss dem hohen Abstraktionsgrad der Themen Smart City und Digitalisierung zum Beispiel durch Storytelling, beispielreiche Sprache, aber insbesondere durch die Arbeit mit konkreten Anwendungsszenarien mit Alltagsbezug begegnet werden. Anstelle von abstrakt-generellen Ausführungen zu den Auswirkungen von Megatrends und der Beschäftigung mit großen Innovationsprojekten aus den Metropolen dieser Welt, sollten kleine Gemeinden konkrete Bezüge zu lokalen Herausforderungen im Alltag der Bürgerinnen herstellen. Geeignete Anknüpfungspunkte können auch die Ergebnisse früherer Gemeindeentwicklungsprozesse, bestehende Leitbilder oder integrierte Stadtentwicklungskonzepte bieten. Einfache Onlineumfragen im Format „Frage des Monats" und kurze Videobotschaften bekannter Persönlichkeiten oder lokal wichtiger Akteurinnen können helfen, die Neugier der Bürgerinnen zu wecken und die initiale Beteiligungsbereitschaft zu fördern (Scherer et al., 2012, S. 145). Mehr Verständlichkeit kann darüber hinaus über eine stärker zielgruppengerechte Kommunikation erreicht werden. Diese erlaubt eine adressatenbezogene Aufbereitung komplexer Themen und das Herausstellen des spezifischen Nutzens für die spezielle Zielgruppe (Kahl, 2022, S. 42).

► **Praxistipp: Smart City meinen, aber nicht von Smart City reden** Smart City, Smart Village, Smart Region und ähnliche schillernde Begriffe erfreuen zwar das Herz von Fachexpertinnen, kommen jedoch im lokalen Kontext bei den Bürgerinnen nicht an. Die Begrifflichkeiten sind zu technisch, zu alltagsfern und für Menschen abseits des Expertinnentums schlichtweg nichtssagend. Diesen Umstand zu akzeptieren ist schmerzlich, aber für Kommunikationszwecke entscheidend. Wer in seiner Gemeinde über Smart-City-Projekte oder -Strategien sprechen möchte, dem sei geraten besser über konkrete Anwendungsszenarien, Alltagsprobleme oder von (digitaler) Daseinsvorsorge zu sprechen. Nur im Nebensatz sollte erwähnt werden, dass es sich dabei übrigens um ein Smart-City-Projekt handelt. Auf diese Weise steht der unbekannte Begriff nicht im Fokus, erhält aber dennoch ein positives Framing.

Literatur

Chesbrough, H. W. (2006). Open innovation: A new paradigm for understanding industrial innovation. In H. W. Chesbrough, W. Vanhaverbeke, & J. West (Hrsg.), *Open innovation. Researching a new paradigm* (S. 1–14). University Press.

Chesbrough, H. W. (2003). *Open Innovation: The new imperative for creating and profiting from technology*. Harvard Business School Press.

Enkel, E., Gassmann, O., & Chesbrough, H. W. (2009). Open R&D and open innovation: Exploring the phenomenon. *R&D Management, 39*(4), 311–316.

Kahl, L. (2022). *Gelungene Kommunikation rund um das Thema Smart City – Wie Kommunen ihre Bürgerinnen und Bürger bei der Digitalisierung mitnehmen*. Technische Universität Kaiserslautern, Distance and Independent Studies Center.

Mergel, I., Müller, P., Parycek, P., & Schulz, S. (2013). *Praxishandbuch Soziale Medien in der öffentlichen Verwaltung.* Springer Fachmedien GmbH. https://doi.org/10.1007/978-3-658-00746-1.

Nell, R., & Cetin, F. (2021). Bürger*innen als Freunde? Potenziale von Sozialen Medien in der öffentlichen Verwaltung (POSITIV). Handlungsempfehlungen für Kommunen und öffentliche Akteure. *Vhw werkSTADT, Nr. 56.* vhw Bundesverband für Wohnen und Stadtentwicklung e. V.

Oks, S., & Möslein, K. (2018). *Smart City: Die digitale Transformation deutscher Städte und Gemeinden.*

Scherer, S., Wimmer, M. A., & Schepers, J. (2012). Regional participation model to engage citizens in distant decision making. In Y. Charalabidis & S. Koussouris (Hrsg.), *Empowering open and collaborative governance* (S. 139–155). Springer.

Scherer, S., Wimmer, M. A., & Ventzke, S. (2010). *Hands-on guideline for e-participation initiatives.* In M. Janssen, W. Lamersdorf, J. Pries-Heje, & M. Rosemann (Hrsg.), *E-Government, E-Services (EGES) and Global Informations Systems Processes (GISP) 2010, IFIP Advances in Information and Communication Technology, Band 334* (S. 49–61). https://doi.org/10.1007/978-3-642-1536-4_5.

Thapa, B., Opiela, N., & Rothe, M. S. (2020). *Ländlich, digital, attraktiv: Digitale Lösungsansätze für Ländliche Räume.* Kompetenzzentrum Öffentliche IT.

Digitalisierungsmaßnahmen auswählen

8

Zielsicher die geeignetsten Maßnahmen finden

Wenn sie die in den vorstehenden Kapiteln beschriebenen Schritte gegangen sind, haben kommunale Verantwortliche nun eine Fülle an Input und Informationen gesammelt.

Zusammengefasst liegt nun Folgendes auf dem Tisch:

- Erwartungen und Anforderungen der Bürgermeisterin: Welche Ergebnisse erwartet die Verwaltungsspitze? (vgl. Abschn. 3.1)
- Erwartungen und Anforderungen, aber auch Bedenken und offene Fragen aus dem Gemeinderat: Wie stehen die Gemeinderätinnen dem Gesamtvorhaben gegenüber? Wovon machen sie gegebenenfalls ihre weitere Unterstützung insbesondere bei der Umsetzung von Projekten abhängig? (vgl. Abschn. 3.2)
- Strategische Ziele: Welche Richtung wurde dem Vorhaben in strategischer Hinsicht gegeben? (vgl. Kap. 4)
- Ergebnisse der Ist-Analyse: Von welchem Ausgangspunkt startet die Gemeinde? Welchen Handlungsspielraum erlaubt der Status quo überhaupt? (vgl. Kap. 5)
- Input aus der Bürgerschaft: Was wurde der Verwaltung seitens der Bürgerinnen, der örtlichen Unternehmen, von Vereinen und zivilgesellschaftlichen Initiativen sowie vielen weiteren lokalen Akteurinnen mit auf den Weg gegeben? (vgl. Kap. 6)
- Beifang: Was ist im Rahmen der Kommunikation zum Vorhaben „nebenbei ins Netz gegangen"? (vgl. Kap. 7)

Es ist alles andere als einfach, aus diesem bunten Blumenstrauß an Erwartungen, Informationen und Hoffnungen die „richtigen" Maßnahmen auszuwählen, die Eingang in die Strategie finden sollen. Beim Auswahlprozess spielen zahlreiche

Faktoren und Kriterien eine Rolle (Kriterien nach Benz, 2023, S. 240–241) (vgl. Abb. 8.1):

Ganz gleich wer beziehungsweise welches Gremium am Ende über die finale Auswahl der Strategiemaßnahmen entscheidet, die Entscheiderinnen benötigen einen gut durchdachten und begründeten Auswahlvorschlag von den fachlich Verantwortlichen in der Gemeindeverwaltung. Es ist also erforderlich, die in Abb. 8.1 dargestellten sowie weitere lokal relevante Entscheidungskriterien zu identifizieren, zu gewichten und die vorhandenen Maßnahmenvorschläge daran zu messen. Für die Gewichtung ebenso wie die Art der konkret heranzuziehenden Auswahlkriterien gibt es keine allgemeingültige Empfehlung. Entscheidend ist, dass Kriterien angelegt werden, die für die örtliche Situation passend und lokal relevant sind. Welche Bedeutung jedem einzelnen Kriterium beigemessen beziehungsweise, ob überhaupt in jedem Fall nach der Relevanz differenziert wird, muss von den Fachverantwortlichen vor Ort nach eigenem Ermessen entschieden werden. Am Ende sollten jedenfalls Maßnahmen stehen, die mit hoher Wahrscheinlichkeit zur Umsetzung gelangen werden.

▶   Die Auswahlentscheidung war dann gut, wenn die Maßnahme eine möglichst große Chance auf Umsetzung hat. Kriterien wie insbesondere Nutzwert, Finanzierbarkeit, praktische Umsetzbarkeit und Anknüpfbarkeit an lokale Besonderheiten dienen der Identifizierung dieser Maßnahmen.

Für den Auswahlprozess selbst sind dann wiederum verschiedene Vorgehensweisen denkbar. So gibt es Städte, die eine rein verwaltungsgesteuerte Auswahl treffen und den Gemeinderat lediglich zustimmen lassen. Es gibt auch Kommunen, die sich die Auswahl gemeinsam mit Gemeinderätinnen erarbeiten und/oder die Bürgerschaft an der finalen Auswahl teilhaben lassen. Die verschiedenen Ansätze unterscheiden sich dabei insbesondere hinsichtlich des Umfangs der Entscheidungshoheit, die bei der Kommunalverwaltung verbleibt. Der Auswahlprozess ist also auch eine Frage der Abgabe von Kontrolle an verwaltungsexterne Akteurinnen. Für welchen Weg man sich letztlich entscheidet, sollte insbesondere auch davon abhängig gemacht werden, ob die Entscheidungs- und Verantwortungsträgerinnen in Verwaltung und Gemeinderat für neue Ansätze und Herangehensweisen offen und bereit sind. Im schlimmsten Fall führt nämlich Überforderung nur zu Abwehrreflexen und einem Rückzug in bekannte Muster und Denkweisen.

Aus der Vielfalt der denkbaren relevanten Auswahlkriterien (vgl. Abb. 8.1) werden nachfolgend diejenigen Aspekte näher beleuchtet, die einer besonderen

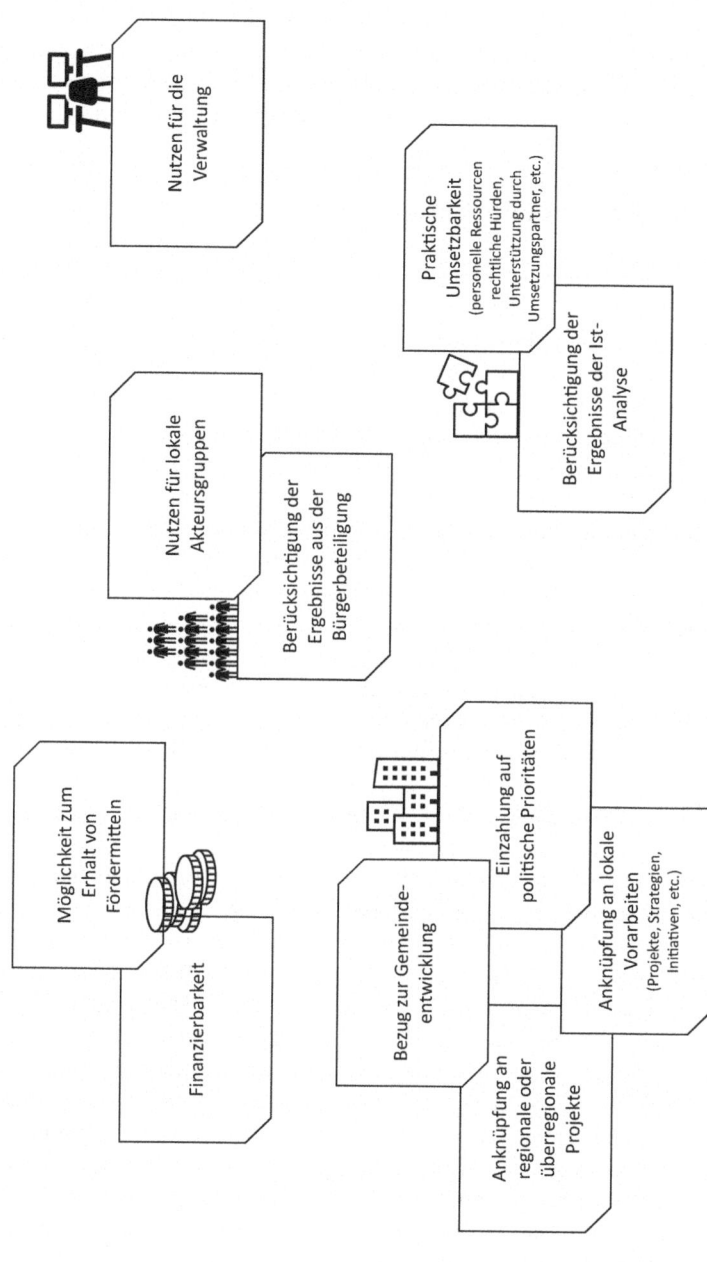

Abb. 8.1 Kriterien zur Auswahl von Maßnahmen

Aufmerksamkeit bedürfen. Im Einzelnen geht es um das Verhältnis zwischen dem Nutzen für lokale Akteursgruppen und dem Nutzen für die Verwaltung (vgl. Abschn. 8.1) sowie die Beziehung zwischen den Themen Digitalisierung beziehungsweise Smart City zur Gemeindeentwicklung (vgl. Abschn. 8.2).

8.1   Nutzen für lokale Akteursgruppen

Viele praktische Strategieentwicklungsprozesse in Kommunen zeigen, dass der Nutzen eines Projekts für lokale Akteursgruppen bei der Auswahl von Maßnahmen eine überragende Rolle spielt. Für fachlich Verantwortliche in der Gemeindeverwaltung ist es von großer Bedeutung, dass Bürgerinnen von den Maßnahmen in hohem Maße profitieren. Dementsprechend wichtig ist es für sie auch, dass sich unter den ausgewählten Maßnahmen zahlreiche Beiträge aus durchgeführten Formaten der Bürgerinnenbeteiligung finden. Häufig ist in diesem Kontext von Verwaltungsmitarbeiterinnen sogar zu hören, dass man bereit sei, Mehrbelastungen für die Verwaltung in Kauf zu nehmen, sofern durch eine Maßnahme ein Mehrwert für die Bürgerinnen entstehe. Die Kommunalverwaltung ist sich hinsichtlich des Vorrangs von Maßnahmen mit Nutzen für lokale Akteursgruppen vor Projekten mit überwiegendem Nutzen für die Verwaltung allerdings nicht einig. So wird beispielsweise argumentiert, dass auch rein verwaltungsintern wirkende Maßnahmen mit lediglich indirektem Mehrwert für die Bürgerinnen wichtig seien. Beispielhaft werden interne Prozessoptimierungen durch Digitalisierung genannt, durch die sich etwa kürzere Bearbeitungszeiten ergeben.

Schlussendlich ist jedenfalls zu empfehlen, dass sich unter den Strategiemaßnahmen auch unbedingt Projekte befinden sollten, die eine überwiegend verwaltungsinterne Wirkung entfalten. Der Hintergrund dieser Empfehlung ist insbesondere motivationsbezogener und strategischer Art. So wurde bereits in Abschn. 3.1 festgestellt, dass die Realisierung von Mehrwerten für die Verwaltung als Organisation zu einem wichtigen Beweggrund der Bürgermeisterin für die Initiierung eines Strategieentwicklungsprozesses zählt. Damit auch in der Strategieumsetzung auf die Unterstützung der Verwaltungsspitze gezählt werden kann, müssen sich auch deren Erwartungen in der Strategie widerspiegeln.

Darüber hinaus ist die Wirkung einer Smart-City- oder Digitalisierungsstrategie in die Gemeindeverwaltung hinein nicht zu unterschätzen. Denn die Strategie richtet sich nur auf den ersten Blick vorrangig an die Bürgerinnen. Smart-City-Teams, Digitalisierungsbeauftragten, Chief Digital Officers oder verwandten Stellen und organisatorischen Einheiten muss klar sein, dass sich die Maßnahmen einer Smart-City- oder Digitalisierungsstrategie nur in Kooperation mit anderen städtischen Verwaltungseinheiten oder kommunalen Unternehmen umsetzen lassen. Die Verwaltung sollte deshalb nicht nur nah am Geschehen der Strategieentwicklung sein, sondern auch eigene Mehrwerte aus der Strategie ziehen können. Dies können etwa Projekte sein, die das Tagesgeschäft in der Verwaltung erleichtern oder die besonders knifflige und schon lange ungelöste Herausforderungen adressieren. In der Realität werden das nicht immer besonders populäre oder prestigeträchtige Maßnahmen sein. Darauf kommt es aber auch gar nicht an. Eine Strategie ist nur dann gut, wenn möglichst viele in ihr enthaltenen Maßnahmen eine große Chance auf Umsetzung haben. Dies wiederum gelingt nur, wenn sich alle erforderlichen Umsetzungspartnerinnen in der Strategie wiederfinden.

▶ **Praxistipp: Auf die richtige Mischung kommt es an!** Eine gelungene Strategie ist wie ein gutes Buffet: Den betroffenen Akteurinnen muss nicht jede Maßnahme schmecken, es sollte aber jede und jeder etwas finden, um satt zu werden. Denn nur dann werden auch Projekte toleriert, die einem selbst nicht das große Glück verschaffen. Es kommt also auf die richtige Mischung an.

Bei der Auswahl von Digitalisierungsmaßnahmen müssen sich Verantwortliche darüber bewusst sein, dass im Rahmen einer Bürgerinnenbeteiligungsveranstaltung eingebrachte Ideen und Vorschläge zunächst einmal nicht mehr als die Perspektive einiger weniger Bürgerinnen sind. Soll heißen, dass für Beiträge dieser Art nicht per se und ohne weitere Überprüfung ein hoher Nutzwert für die gesamte Bürgerschaft unterstellt werden kann. Soll der Nutzen für lokale Akteursgruppen eine herausgehobene Rolle bei der Auswahl von Projekten für die Strategie spielen, so sollte dieser auch vorab anhand des tatsächlichen Bedarfs lokaler Zielgruppen validiert werden. Auf diese Weise sollte ausgeschlossen werden, dass lediglich über die Plattform einer Bürgerinnenbeteiligungsveranstaltung artikulierten Partikularinteressen einzelner Veranstaltungsteilnehmerinnen Rechnung getragen wird. Je geringer die Teilnehmerinnenzahl bei Beteiligungsformaten, umso mehr verschärft sich diese Problematik. In Abschn. 6.3.1 wurden einige Werkzeuge und Formate vorgestellt, die für Zwecke der Validierung des Nutzwerts hilfreich sein können. Ein positiver Nebeneffekt der Nutzenvalidierung ist in der besseren Einschätzbarkeit der Akzeptanz von Digitalisierungsmaßnahmen zu sehen: Ein hoher Bedarf bietet günstige Rahmenbedingungen für Akzeptanz.

8.2   Digitalisierung und Gemeindeentwicklung

Zwischen gesamtgemeindlichen Entwicklungskonzepten und Digitalisierungs-
oder Smart-City-Strategien besteht eine enge inhaltliche Verknüpfung. Dementsprechend sollte der Bezug zu vorhandenen Gemeindeentwicklungskonzepten
oder Leitbildern (in größeren Städten häufig als integriertes (nachhaltiges) Stadt-
entwicklungskonzept (INSEK) bezeichnet) bei der Auswahl von Maßnahmen
der Digitalisierungsstrategie keine nur untergeordnete Rolle spielen. Tatsächlich gelingt es gerade vielen kleinen Gemeinden jedoch bislang noch nicht die
Digitalisierung mit der Gemeindeentwicklung angemessen zu verbinden. Oftmals
werden Digitalisierungs- oder Smart-City-Strategien als eigenständige und neben
der Gemeindeentwicklung stehende Strategien betrachtet. Eine Berücksichtigung
und Integration sind häufig erst im Zuge der planmäßigen Fortschreibung des
Gemeindeentwicklungskonzepts als eigenes inhaltliches Handlungsfeld vorgesehen.

Schwierigkeiten bereitet insbesondere das zeitliche Spannungsfeld zwischen
schnelllebiger Digitalisierung und rasantem technologischen Fortschritt und den
langfristigen Planungszeiträumen der Stadtentwicklung, die oft Jahrzehnte in die
Zukunft blickt. Auch in inhaltlicher Hinsicht gelingt es nur in wenigen Fällen,
eine Verbindung zwischen Digitalisierung und Handlungsfeldern der Gemeindeentwicklung herzustellen. Infrastrukturthemen, Bauprojekte und soziale Aspekte
dominieren häufig kommunale Leitbilder und können von Verwaltungsmitarbeiterinnen oftmals nur schwer mit digitalen Themen verknüpft werden. Und doch
bieten Leitbilder zahlreiche Anknüpfungspunkte für digitale Lösungen, etwa bei
der Nahversorgung, der Mobilität oder beim Klimaschutz. Digitale Technologien können ein Mittel zur Erreichung der in der Stadtentwicklungsstrategie
vorgegebenen Ziele sein und damit zur Verwirklichung des Gesamtkonzeptes
beitragen.

Umgekehrt sind für Digitalisierungsstrategien oder digitale Teilstrategien die
Ergebnisse von bereits durchgeführten Gemeindeentwicklungsprozessen auch
deshalb interessant, weil die lokalen Herausforderungen in diesem Kontext meistens aus einer problemorientierten Wahrnehmung heraus aufgearbeitet werden.
Das Vorhandensein einer geeigneten digitalen Lösung spielt dabei hingegen keine
oder nur eine untergeordnete Rolle. Im Rahmen von isolierten Digitalisierungsprozessen ist demgegenüber oftmals das Gegenteil beobachtbar. Hier wird oft
für ein bekanntes technologisches Produkt oder einen digitalen Dienst ein pas-
sendes örtliches Problem gesucht. Diskussionen leiden dann häufig daran, dass
zu schnell von der Problemanalyse zur Lösungsdefinition gewechselt wird, ohne
sich zuvor über die Herausforderung geeinigt zu haben. Dabei besteht das Risiko,

dass Lösungen entstehen, die keinen tatsächlichen Bedarf adressieren und deshalb kaum praktisch genutzt oder von den Betroffenen akzeptiert werden.

Vorhandene Gemeindeentwicklungskonzepte bieten nicht nur interessante Smart-City-Anwendungsszenarien, sondern können dem bislang eher unpopulären Thema auch eine bessere Wahrnehmung bei den Bürgerinnen verschaffen. Generell wird die Resonanz auf Leitbild- und Stadtentwicklungsprozesse in der Bürgerschaft als deutlich höher angegeben, sodass digitale Themen von dieser Popularität profitieren können.

Was ist zur besseren Nutzung der vorhandenen Synergiepotentiale zwischen Digitalisierung beziehungsweise Smart City und der Stadtentwicklung also konkret zu empfehlen?

Im Zuge der Fortschreibung von Gemeindeentwicklungskonzepten sollte das Thema Digitalisierung/Smart City als Querschnittsbereich aufgenommen werden. Als Vorbild kann der Umgang mit dem Thema Nachhaltigkeit in kommunalen Leitbildern dienen. Zum Ausgleich des Spannungsverhältnisses zwischen langfristiger Perspektive der Stadtentwicklung und notwendiger Flexibilität bei Digitalisierungsmaßnahmen kann zum einen eine bedarfsorientierte (Teil-)Fortschreibung stattfinden, ohne den Gesamtprozess der Stadtentwicklung zu wiederholen (Soike et al., 2019, S. 10). Zum anderen kann mit konsistenten Szenarien unter Identifikation von Gestaltungskorridoren gearbeitet werden (ebd., S. 10).

Für die Erarbeitung neuer digitaler (Teil-)Strategien kann empfohlen werden, Herausforderungskataloge und Maßnahmenpläne kommunaler Leitbilder als inhaltlichen Kern in Strategieentwicklungsprozesse einzubringen. Viele, auch kleinere, Kommunen greifen bei der Erstellung von Leitbildern oder der Durchführung von integrierten Stadtentwicklungsprozessen auf die Unterstützung durch externe Stadtentwicklungsbüros zurück. Dementsprechend sind die als Vor- oder Nebenprodukt von Leitbildern vielfach entstehenden Begleitdokumente, Erhebungen und Auswertungen von hoher Qualität und fast zu schade, um nur einmalig genutzt zu werden. Dieses Vorgehen stellt freilich auch höhere Ansprüche an die Vorbereitung, insbesondere von Bürgerinnenbeteiligungsveranstaltungen. So muss insbesondere eine Bewertung des erzielten Fortschritts bei der Umsetzung einer vorhandenen Stadtentwicklungsstrategie erfolgen. Ferner müssen die regelmäßig als Kern von kommunalen Leitbildern definierte strategischen Ziele und der darin festgeschriebene Wertekanon für das soziale Zusammenleben in der Kommune reflektiert werden. Schlussendlich muss es gelingen, dass klassische Stadtentwicklung im Handlungskontext der digitalen Transformation gedacht und bearbeitet wird.

Exkurs: Mit Chief Digital Officer und Chief Urban Officer Digitalisierung und Stadtentwicklung ein Gesicht geben

Um die große Bedeutung der Stadtentwicklung für die Digitalisierung und umgekehrt sowie die daraus resultierende inhaltliche Verbindung zwischen den beiden Themenkomplexen dauerhaft sichtbar zu machen, sind verschiedene Ansätze und Herangehensweisen denkbar. Eine Möglichkeit besteht darin, den Themen ein Gesicht zu geben. Viele Städte, Gemeinden und Landkreise haben mittlerweile Chief Digital Officers (CDO), Chief Information Officers (CIO), Digitalisierungsbeauftragte, Digitallotsen, Smart-City-Managerinnen oder ähnliche Verantwortliche ernannt, um zu verdeutlichen, dass digitale Themen in der Verwaltung nicht länger nebenbei betrieben werden. Bei der Benennung von Digitalisierungsverantwortlichen geht es also auch um die Sichtbarmachung veränderter (kommunal)politischer Prioritäten. Wo diese veränderten Prioritäten zusätzlich mit finanziellen Ressourcenzuweisungen und erweiterten Entscheidungskompetenzen für Digitaleinheiten einhergehen, wird Digitalisierung ernst genommen. Dass auch immer mehr kleinere Kommunen sich dieser Bewegung anschließen, ist ein gutes Zeichen.

Wo Digitalisierung und Stadtentwicklung zusammengedacht werden, liegt es nahe, dies auch in personellen Strukturen zu verankern. So hat beispielsweise die Stadt Kaiserslautern im Jahr 2019 als bundesweit erste Kommune als Pendant zum CDO auch einen sogenannten Chief Urban Officer (CUO) berufen. Die beiden Verantwortlichen hatten die Aufgabe, bei der Planung und Umsetzung von Digitalprojekten auch deren Wirkung auf den städtischen Raum zu berücksichtigen und im Digitalisierungsprozess der Stadt auch stadtplanerischen Erfordernissen Rechnung zu tragen. Umgekehrt sollte die Stadtentwicklung noch besser vom digitalen Fortschritt profitieren, insbesondere auf dem Gebiet der evidenzbasierten Planung mit Daten (vgl. Abb. 8.2).

Beispiel: Digitale Technologien in der Mobilität verändern Stadtplanung

Menschen nutzen immer selbstverständlicher digitale Plattformen und Anwendungen, um von A nach B zu kommen. Für das Zurücklegen einer Wegstrecke nutzen sie oft verschiedene Verkehrsträger, sind also intermodal unterwegs. Beispielsweise fahren sie mit dem eigenen Auto zum nächstgelegenen Bahnhof, um dann mit dem Zug oder der S-Bahn weiterzufahren. Die letzten Meter zum Ziel bringt sie dann ein Leihfahrrad oder der E-Scooter. Der digitale Fortschritt hat diese Art zu reisen enorm vereinfacht und zumindest im Hinblick auf das Aufwenden eigener zeitlicher Ressourcen für die Reiseplanung vergünstigt. Diese Niedrigschwelligkeit und Zugänglichkeit hat zu veränderten Mobilitätsbedürfnissen geführt, die auch in der Stadtplanung und

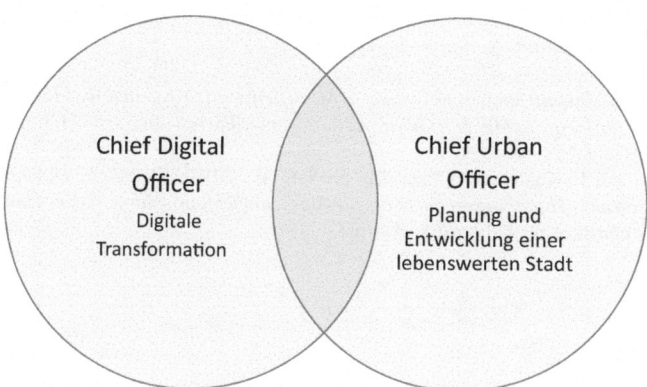

Abb. 8.2 Integrierte Bearbeitung von Digitalisierung und Stadtentwicklung durch Chief Digital Officer und Chief Urban Officer

weiteren Spezialplanungen im Bereich Verkehr und Mobilität berücksichtigt werden müssen. So entstehen beispielsweise in Städten immer mehr sogenannter Mobilitätshubs oder -zentren, die als Knotenpunkte den Wechsel von einem zum anderen Verkehrsträger noch einfacher machen sollen. Entwicklungen dieser Art haben große Auswirkungen auf die Stadtplanung.◄

Als erstes Zwischenfazit des Vorgehens in Kaiserslautern lässt sich festhalten, dass die Ernennung von CDO und CUO sichtbar zu einer integrierten Bearbeitung von Digitalisierung und Stadtentwicklung beigetragen und damit durchaus die intendierte Wirkung erzielt hat. Kritisch muss jedoch angemerkt werden, dass die Schaffung neuer Verantwortlichkeiten neue Schnittstellen und damit auch Reibungsverluste im Verhältnis zu bestehenden Strukturen schafft und schlimmstenfalls zu Abwehrreflexen führt. Dort, wo es also für die Stadtentwicklung ebenso wie für Digitalisierung, IT, Kommunikation oder EDV bereits leistungsstarke Verwaltungseinheiten gibt, sollten diese Strukturen auch für die Übertragung neuer Rollen und Funktionen genutzt werden (vgl. dazu weiterführend Kap. 10). Auf diese Weise wird auch anerkannt, dass bestehende Funktionen wie die der Amts-, Abteilungs-, Team- oder Referatsleiterin nicht starr sind, sondern sich entlang technischer, gesellschaftlicher oder kultureller Entwicklungen und Errungenschaften verändern. Die jeweilige Stelleninhaberin muss offen auch für sie persönlich betreffende Veränderungen sein und mit neuen Rollenanforderungen konstruktiv umgehen können.

Literatur

Benz, I. (2023). *Zukunft smarte Kommune – Modellentwurf, Vorgehen und Handlungsempfehlungen für kleine Städte und Gemeinden.* Springer Fachmedien GmbH. https://doi.org/10.1007/978-3-658-40373-7.

Soike, R., Libbe, J., Konieczek-Woger, M., & Plate, E. (2019). *Räumliche Dimensionen der Digitalisierung: Handlungsbedarfe für die Stadtentwicklungsplanung. Ein Thesenpapier.* Deutsches Institut für Urbanistik gGmbH.

Strategie weiterentwickeln

9

Immer up to date bleiben

Bedingt durch den rasanten technologischen Fortschritt ebenso wie die große Dynamik in der Regulierung digitaler Technologien spielen Monitoring und Fortschreibung für Digitalisierungs- und Smart-City-Strategien eine besondere Rolle. Die Strategie muss regelmäßig auf ihren Aktualisierungsbedarf hin überprüft und angepasst werden. In der kommunalen Praxis gibt es gleichwohl bislang nur wenige Ansätze für geeignete Methoden zum Monitoring und zur Strategiefortschreibung. Mehrheitlich greifen Städte und Gemeinden auf klassische Formen eingeübten Verwaltungshandelns zurück. Beispielhaft sei die Überprüfung des Umsetzungsstands der Strategie im Rahmen des Verfahrens der Haushaltsplanaufstellung, die Berichterstattung über den Stand der Strategieumsetzung im Gemeinderat und die Berücksichtigung im Rahmen der turnusgemäßen Fortschreibung von kommunalen Leitbildern oder Stadtentwicklungskonzepten genannt. Prozesse dieser Art finden regelmäßig Anwendung für das Management kommunaler Projekte vorrangig im Bereich der Stadtentwicklung und sind für das Monitoring einer Digitalisierungsstrategie nicht per se ungeeignet. Gleichwohl lassen sie einige Besonderheiten von Digitalisierungsprozessen unberücksichtigt, die ergänzender Methoden und Formate bedürfen. So unterscheiden sich etwa Digitalisierungsmaßnahmen in ihrer Unbeständigkeit beispielsweise von Bau- oder Infrastrukturprojekten mit jahrzehntelanger Unveränderlichkeit des Endzustands und einem langen Planungshorizont.

Für das Monitoring zu Digitalisierungs- oder Smart-City-Strategien ist es deshalb besonders wichtig, dass kontinuierliche Veränderungen in der Umwelt in den Inhalten der Strategie abgebildet werden. Hingegen sind Budgetkontrolle und Rechenschaftslegung gegenüber dem Gemeinderat als Monitoringmaßnahmen alleine nicht ausreichend. Darüber hinaus gehen Monitoring und Fortschreibung der Strategie Hand in Hand und dürfen nicht als getrennte, in sich abgeschlossene und aufeinanderfolgende Vorgänge betrachtet werden. Vielmehr bilden Monitoring

I. Benz, *Smarte Kommune*, https://doi.org/10.1007/978-3-658-42888-4_9

und Fortschreibung sich gegenseitig befördernde Methoden zur Strategieweiterentwicklung.

Wie sollen also die Einwirkungen einer volatilen, unsicheren, komplexen und mehrdeutigen (VUKA) Umwelt auf die Inhalte einer Digitalisierungs- oder Smart-City-Strategie verarbeitet und integriert werden? Zunächst muss diesbezüglich klar gemacht werden, dass es eine perfekte, überall sicher funktionierende Lösung für diese Aufgabenstellung nicht gibt. Vielmehr existieren lediglich im Grundsatz geeignete Ansätze, die in anderen Kontexten oder einzelnen Kommunen bereits funktionieren, woraus jedoch keine Gelingensgarantie für die eigene Gemeinde abgeleitet werden kann. Ein Ansatz für den strategischen Umgang mit VUKA-Einflüssen bildet das Experimentieren als „Formen laborhafter Erprobung" (Soike et al., 2019, S. 26–27). Einfache, langlebige und standardisierte Lösungen sind für komplexe Herausforderungen unwahrscheinlich. Erfolgreiches Experimentieren gelingt dabei nur in Umgebungen, die das Erproben unter sozialen und räumlichen Echtbedingungen ermöglichen und es verlangt Gestaltungsfreiräume vor allem in ressourcenmäßiger und regulatorischer Hinsicht (in diesem Sinne auch Soike et al., 2019, S. 26–27). In der Privatwirtschaft sind derartige Strukturen und Räume bereits gang und gäbe. Sie sind bekannt als Abteilungen oder Einheiten für „Forschung und Entwicklung". In der Breite des öffentlichen Sektors hingegen sind diese Prinzipien neu und ungewohnt. Relativ zum vorhandenen Potential gibt es bislang lediglich ein paar wenige Behörden, die eigene Forschungs- und Entwicklungsabteilungen betreiben. Der internationale Städteforscher Charles Landry (2016, S. 50) hat für Einrichtungen dieser Art in Städten den Begriff „Living Labs" geprägt. „Living Labs" folgen einer nutzerzentrierten und bürgergetriebenen Philosophie, sie folgen einem ko-kreativen Ethos und zielen auf die Umsetzung von Ideen unter Echtbedingungen (Landry, 2016, S. 50). Innovation Labs, Reallabore oder Innovation Hubs sind andere Bezeichnungen für institutionalisierte Strukturen, die diesen Zwecken dienen (Hill, 2020, S. 55).

Praxisbeispiel: Reallabore, Living Labs, Innovation Labs und Hubs

Die nachfolgende, nicht abschließende Aufzählung soll einen Einblick in die Lab-Landschaft in Deutschland und darüber hinaus geben.

- Lernlabor Eltville am Rhein (Hessen)
- GovLab Arnsberg (Nordrhein-Westfalen)
- Open Innovation Lab Gelsenkirchen (Nordrhein-Westfalen)
- Smart City Living Lab Kaiserslautern (Rheinland-Pfalz)
- Team Online Rathaus Wiesbaden (Hessen)

- StadtLabor Soest (Nordrhein-Westfalen)
- Joint Innovation Lab Lübeck (Schleswig-Holstein)
- CityLAB Berlin
- City Data Lab und Urban Data Lab Oldenburg (Niedersachsen)
- Innovationszentrum Dörentrup (Nordrhein-Westfalen)
- Verschwörhaus Ulm (Baden-Württemberg)
- GovLab Austria
- Staatslabor Schweiz
- UK Policy Lab
- The GovLab NYC◄

Die Zusammenarbeit zwischen Verwaltung, Politik, Wirtschaft, Wissenschaft und Zivilgesellschaft in Reallaboren findet interdisziplinär, sektorenübergreifend, institutionalisiert, divers und auf der Grundlage geteilter Werte und in gemeinsamer Verantwortung statt. Für die großen Herausforderungen der Gegenwart und der Zukunft sind diese neuen Formen der Zusammenarbeit wegweisend und deutlich erfolgversprechender als altbekannte Ansätze klassischen Verwaltungshandelns.

Gleichwohl haben Innovation Labs auch Nachteile (dazu ausführlich Kieboom, 2014, S. 20 ff.). Speziell im kommunalen Kontext sind Probleme bei der Bereitstellung von (finanziellen und personellen) Ressourcen für die Laborarbeit oder bei der Übertragung von Laborlösungen in den Echtbetrieb in einer Gemeinde oder gar einer Region denkbar. Darüber hinaus kann das Werben um kommunalpolitische Akzeptanz für Laborideen schwierig werden, gerade weil sich diese von der gewöhnlichen Art der Problembearbeitung unterscheiden, damit unbekannt und nicht berechenbar sind. Es ist deshalb empfehlenswert, kommunale Labore in interkommunaler Zusammenarbeit aufzubauen und zu betreiben. Insbesondere die Ebene des Landkreises oder der Region bieten sich dafür an. Dieses Vorgehen erlaubt die Bündelung knapper Ressourcen, die kooperative Bearbeitung oftmals ähnlicher kommunaler Herausforderungen und verspricht mehr kommunalpolitische Aufmerksamkeit (zustimmend Amt Hüttener Berge, 2018, S. 12). Sinnvoll ist ferner die Anknüpfung an unternehmensorientierte Initiativen wie die Digital Hub Initiative des Bundesministeriums für Wirtschaft und Klimaschutz (BMWK) „de:hub" oder des Pendants auf Länderebene wie das „Digital Hub Netzwerk Baden-Württemberg" des Ministeriums für Wirtschaft, Arbeit und Tourismus Baden-Württemberg.

Wo in (interkommunalen) Reallaboren an Monitoring und Fortschreibung kommunaler Smart-City- oder Digitalisierungsstrategien gearbeitet wird, sollte auf einen regelmäßigen Realitätscheck geachtet werden. Notwendig ist ein

kontinuierlicher Abgleich der Laborarbeit entlang der tatsächlichen Rahmenbedingungen und mit den Bedürfnissen der Betroffenen vor Ort. Es bedarf
also einer laufenden Einordnung in den lokalen Kontext. Auch eine ständige
Kommunikation über die Laborarbeit in die Bürgerschaft hinein ist wichtig.
Laborarbeit kann eine geeignete Möglichkeit zur Strategiefortschreibung sein und
damit einen Beitrag zur qualitativen Weiterentwicklung der smarten Kommune
leisten. Gewohnte Methoden wie budgetäre Kontrollmechanismen oder Rechen-
schaftspflichten können den Anforderungen einer VUKA-Umwelt allein nicht
ausreichend Rechnung tragen. Jedenfalls gelingt auf diesem Weg keine echte
inhaltliche Weiterentwicklung.

Literatur

Amt Hüttener Berge. (2018). *Hüttis Digitale Agenda 1.0. Stand: 23.04.2018.*

Hill, H. (2020). Wie geht Innovation? Ein Beitrag zur verhaltensorientierten Innovationsför-
derung. In H. Hill (Hrsg.), *Bleib innovativ, Verwaltung! Speyerer Arbeitsheft Nr. 236*
(S. 53–71). Deutsche Universität für Verwaltungswissenschaften Speyer.

Kieboom, M. (2014). *Lab Matters: Challenging the practice of social innovation laboratories.* Amsterdam: Kennisland. https://www.kl.nl/wp-content/uploads/2014/09/lab_mat
ters_paper_2014_web.pdf.

Landry, C. (2016). *The digitized city: Influence & impact* (Bd. 7). Comedia.

Soike, R., Libbe, J., Konieczek-Woger, M., & Plate, E. (2019). *Räumliche Dimensionen der
Digitalisierung: Handlungsbedarfe für die Stadtentwicklungsplanung. Ein Thesenpapier.*
Deutsches Institut für Urbanistik gGmbH.

Geeignete organisatorische Strukturen etablieren 10

Die Verwaltung zukunftsfähig aufstellen

Ein Buch mit dem Anspruch eines hohen praktischen Nutzwerts für Verantwortliche in den Gemeinden darf nicht enden, ohne einen der wichtigsten Erfolgsfaktoren kommunaler Digitalisierungsprozesse behandelt zu haben. Es muss leider so deutlich formuliert werden: Die beste Smart-City- oder Digitalisierungsstrategie ist das Papier nicht wert, auf dem sie steht, wenn sie nicht auf umsetzungsbereite organisatorische Strukturen in der Kommunalverwaltung trifft. Obgleich nicht jede Strategiemaßnahme federführend von der Verwaltung umgesetzt werden muss und sollte, so werden Wohlwollen und Unterstützung durch die Verwaltung doch mindestens für die Gesamtvision gebraucht.

Es ist zunächst zu konstatieren, dass die klassische Ablauf- und Aufbauorganisation einer Kommunalverwaltung den Anforderungen von Digitalprojekten an Strukturen, Prozesse und Methoden einer Organisation nicht in ausreichendem Maße gerecht wird. Insbesondere die Querschnitthaftigkeit von Smart-City-Projekten lässt sich in einer von Silostrukturen, fein ausdifferenzierten Hierarchien und starren Zuständigkeitsgrenzen geprägten bürokratischen Organisation nicht angemessen abbilden. Auch Interdisziplinarität und Intersektoralität sind für die Umsetzung von Digitalprojekten essentiell, in der Verwaltung aber unüblich und ungewohnt. Im Zusammenhang mit der Strategieerarbeitung müssen sich Verantwortliche in Städten und Gemeinden deshalb zwingend mit der Etablierung geeigneter organisatorischer Strukturen, Prozesse und Methoden beschäftigen. Dies findet bestenfalls bereits zu Beginn des Strategieprozesses statt, sollte aber spätestens zum Start der Umsetzungsphase abgeschlossen sein.

Während viele große Städte durch die Schaffung neuer Stabsstellen, Ämter, Referate und Personalstellen bereits umfangreiche strukturelle Eingriffe in die Organisation vornehmen, sind kleine Gemeinden bislang noch zurückhaltend. Zwar

© Der/die Autor(en), exklusiv lizenziert an Springer Fachmedien Wiesbaden GmbH, ein Teil von Springer Nature 2023
I. Benz, *Smarte Kommune*, https://doi.org/10.1007/978-3-658-42888-4_10

werden auch in kleineren Kommunen zunehmend neue Rollen wie Digitalisierungsbeauftragte geschaffen, meistens geht dies jedoch nicht mit einer Änderung
der organisatorischen Struktur einher und es werden keine neuen Entscheidungskompetenzen und Ressourcen zugewiesen. Schlussendlich können Digitalisierungsverantwortliche, die in einem solchen Umfeld operieren, deshalb nicht mehr als
koordinierende Leistungen erbringen. Wer keine nennenswerten finanziellen Mittel
bewirtschaften kann, keine personelle Unterstützung erhält und keine umfangreichen Entscheidungsbefugnisse hat, hat nicht die Möglichkeiten für die Umsetzung
größerer Projekte und die Steuerung des Gesamtprozesses. Die Wirkung bleibt
dementsprechend überschaubar. Wer ernsthaft vorankommen möchte, muss mehr
tun.

Wo Digitalisierungsaufgaben im Wege des Aufgabenaufwuchses auf vorhandene Personalstellen verteilt werden, erfolgt häufig eine Angliederung an die für die
interne elektronische Datenverarbeitung (EDV) verantwortliche Stelle. In der Praxis
findet sich die Digitalisierung dann häufig im Hauptamt wieder. Als interne Service-
einheit für andere Organisationseinheiten und Querschnittsamt ist das Hauptamt
jedoch in zahlreichen Kommunen bereits stark belastet und oftmals der Flaschenhals
für Projekte anderer Teams. Die Angliederung eines weiteren Querschnittsbereichs,
der von den Mitarbeitenden zusätzlich zum Tagesgeschäft bewältigt werden muss,
ist daher wenig erfolgversprechend.

Bei der Verankerung von Digitalisierungsaufgaben haben sich aus organisatorischer Perspektive in kleinen Gemeinden bisher zwei Ansätze herauskristallisiert,
die im nachfolgenden Abschn. 10.1 im Einzelnen dargestellt werden.

10.1   Zentralität versus Dezentralität

Einem dezentralen Ansatz folgend, ordnen einige Kommunen die Umsetzungsverantwortung für Digitalisierungsprojekte direkt den fachlich zuständigen
Organisationseinheiten zu. Ergänzend wird eine Funktion mit überwiegend
strategisch-koordinierenden Aufgaben geschaffen. Teilweise werden ergänzend
ämterübergreifende Arbeitsgruppen oder -stäbe eingerichtet, die von der federführend für das Thema Digitalisierung zuständigen Stelle koordiniert werden.
Mit der Gründung von Arbeitsgruppen geht in der Kommunalpraxis jedoch
überwiegend nicht die Zuweisung finanzieller Budgets oder von zusätzlichen
Entscheidungskompetenzen einher. Ebenso sind bisherige Entscheidungswege
weiterhin einzuhalten und es ist nach wie vor mit anderen Organisationseinheiten um begrenzte Haushaltmittel zu konkurrieren (mit gleichlautenden

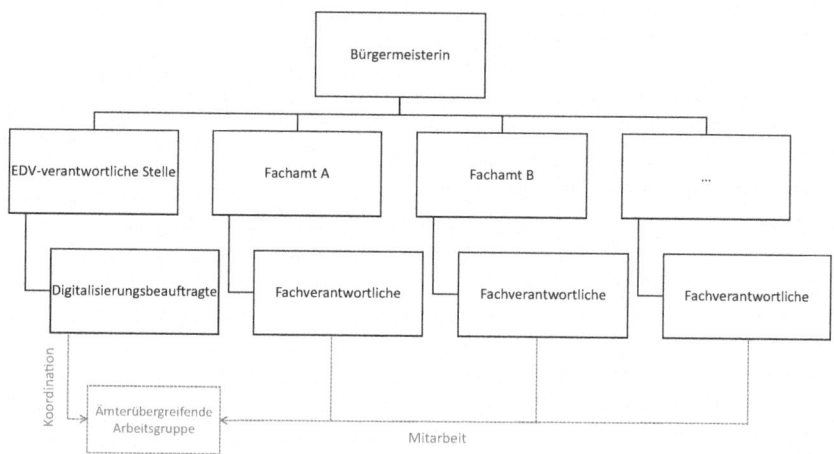

Abb. 10.1 Dezentraler Ansatz anhand eines für Kommunalverwaltungen in Gemeinden bis 20.000 Einwohnerinnen typischen Organigramms. (In Anlehnung an Benz, 2023, S. 262)

Befunden auch Schenk & Schneider, 2019, S. 6). Abb. 10.1 zeigt den dezentralen Ansatz anhand eines für Kommunalverwaltungen in Gemeinden bis 20.000 Einwohnerinnen typischen Organigramms.

In einem zentralen Ansatz wird eine hauptverantwortliche, zentrale Zuständigkeit festgelegt. Dieser Stelle obliegt vollständig die Umsetzungsverantwortung für einzelne Digitalisierungsprojekte. Sie konsultiert lediglich bei Bedarf betroffene Fachämter beziehungsweise zieht diese zu Maßnahmen hinzu. Abb. 10.2 visualisiert den zentralen Ansatz anhand eines für Kommunalverwaltungen in Gemeinden bis 20.000 Einwohnerinnen typischen Organigramms.

In der Praxis lässt sich beobachten, dass der zentrale Ansatz eher von sehr kleinen Gemeinden ungefähr in der Größenklasse bis 10.000 Einwohnerinnen gewählt wird. Größere Gemeinden ab 10.000 Einwohnerinnen entscheiden sich hingegen häufiger für den dezentralen Ansatz. Ein Erklärungsansatz für dieses Auswahlverhalten ist in der Personalstärke und der Differenziertheit der Organisationsstruktur zu sehen. In personalschwächeren Kommunalverwaltungen scheint es weniger Bedarf an Koordination und Verteilung von Zuständigkeiten zu geben, sodass der zentrale Ansatz besser zur Organisation passt.

Entscheidend ist nun die Frage, welcher der beiden zu beobachtenden Ansätze der bessere ist. Die Antwort darauf ist einfach: Es kommt darauf an. Wer organisatorische Veränderungen vornehmen möchte, muss sich zuerst klar machen, dass

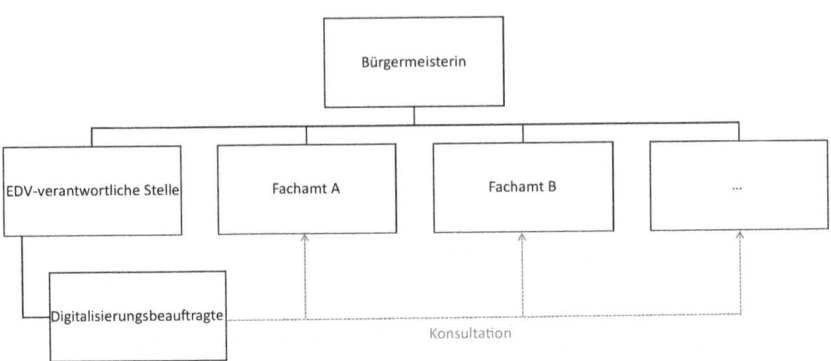

Abb. 10.2 Zentraler Ansatz anhand eines für Kommunalverwaltungen in Gemeinden bis 20.000 Einwohnerinnen typischen Organigramms. (In Anlehnung an Benz, 2023, S. 262)

er oder sie nicht im luftleeren Raum operiert oder auf der grünen Wiese beginnt. Organisationen sind komplexe Gebilde, die sich über lange Zeiträume entwickelt haben. Viele der sie charakterisierenden Merkmale sind informeller Art und damit auf den ersten Blick unsichtbar. Strukturen, Prozesse, Methoden, Hierarchien, Führungsstile, Kommunikation, soziale Werte, Kultur und Gepflogenheiten der Organisation sind eng miteinander verflochten. Ein Merkmal kann nicht verändert werden, ohne zugleich auch die anderen zu beeinflussen. Gleichzeitig gibt die Gesamtheit der Merkmale den Korridor vor, der für die Veränderung einer einzelnen Eigenschaft zur Verfügung steht. Die Art der Veränderung hängt also immer davon ab, inwieweit die Organisation veränderungsbereit ist. So hilft es beispielsweise nicht, eine kleine Verwaltung mit der Neugründung einer im Verhältnis zu den anderen Fachbereichen überdimensioniert erscheinenden Stabsstelle Digitalisierung zu überfordern. Ebenso überfordernd kann die Schaffung einer exponierten Stelle einer Chief Digital Officer (CDO) für eine Verwaltung sein, die neben der Bürgermeisterin keine anderen herausgehobenen Positionen kennt. Welcher Ansatz also im Einzelfall der geeignetere ist, muss anhand der Integrierbarkeit neuer Einheiten und Rollen in die bestehende Organisation von den Verantwortlichen vor Ort entschieden werden. Allgemeingültige Aussagen lassen sich an dieser Stelle nicht treffen.

Obgleich also keine eindeutige Empfehlung für den zentralen oder den dezentralen Ansatz ausgesprochen werden kann, so sind dennoch einige generelle organisationsbezogene Hinweise festzuhalten:

▶ **Praxistipp: Empfehlungen für die organisatorische Gestaltung**

1) Digitalisierung als Querschnittsaufgabe etablieren

Ganz gleich wie genau schlussendlich die individuelle organisatorische Gestaltung aussehen wird, es muss dabei gelingen, Digitalisierung organisatorisch als Querschnittsaufgabe zu etablieren. Jeder Fachbereich, jedes Amt und jede Abteilung muss Digitalisierung als Teil der eigenen Fachaufgaben begreifen. In der Kommunalpraxis ist leider immer wieder zu beobachten, dass die Fachbereiche sich von fachspezifischen Digitalthemen frei machen, sobald diese an eine eigene Digitalisierungseinheit in der Verwaltung weggeschoben werden können.

Diesem Verhalten kann entgegengewirkt werden durch:

- die Etablierung von dezentralen Digitalisierungsbeauftragten, Digitallotsinnen, Smart-City-Managerinnen oder ähnlichen Verantwortlichen in jedem Fachbereich
- die Vernetzung dieser fachlichen Digitalverantwortlichen in einem gemeinsamen Arbeitskreis
- eine klare Erwartungshaltung seitens der Bürgermeisterin
- eine eindeutige Beschreibung des Aufgaben- und Zuständigkeitsbereichs der koordinierenden Digitaleinheit

2) Geeignete Prozesse und Methoden etablieren

Neben der Etablierung geeigneter Strukturen sollten die prozessuale und die methodische Seite nicht vernachlässigt werden. Querschnittsthemen und Projektarbeit benötigen Prozesse und Methoden, die bereichsübergreifendes, flexibles sowie interdisziplinäres und intersektorales Arbeiten ermöglichen. Dabei sollte insbesondere auch auf die Einbeziehung der Expertise aus Wissenschaft, Wirtschaft und Zivilgesellschaft geachtet werden.

Dies kann durch folgende Ansätze gelingen:

- Verabschiedung politischer Absichtserklärungen zur Zusammenarbeit zwischen Verwaltung und externen Akteuren (häufig auch als Letter of Intent bezeichnet)
- Abschluss von formalen Kooperationsverträgen zwischen Verwaltung und externen Akteuren
- Etablierung von zivilgesellschaftlichen Beiräten

- Nutzung digitaler Beteiligungsplattformen und analoger Formate der informellen Bürgerinnenbeteiligung
- Etablierung von (auch verwaltungsinternen) Netzwerkformaten (Runde Tische, Arbeitskreise, Arbeitsgruppen, etc.)
- Erarbeitung entsprechender verwaltungsinterner Wertecodices und Leitbilder

3) In den Kompetenzaufbau investieren

Für die große Mehrheit der Verwaltungsmitarbeitenden sind Digitalisierung und Smart City fremde Themen, die nicht Teil der eigenen Ausbildung waren. Erst in den letzten Jahren beginnen Ausbildungsstätten für Verwaltungsbeamtinnen und Führungskräfte wie Verwaltungshochschulen, Universitäten, Schulen und Akademien mit der Integration von Digitalthemen in die Ausbildungs- und Lehrpläne. Ebenso haben sich qualifizierte Fortbildungs- und Qualifizierungsangebote erst in jüngerer Vergangenheit entwickelt. Es ist deshalb kein persönlicher Makel, sich als Verwaltungsmitarbeiterin oder Führungskraft bei Digitalthemen unsicher zu fühlen. Gleichzeitig ist die Notwendigkeit, sich in diesen Themen ebenso wie im Projektmanagement fit zu machen, nicht nur Sache derjenigen, die explizit als Digitalisierungsverantwortliche in ihrer Verwaltung benannt wurden. Vielmehr sind alle Verwaltungsmitarbeitenden und vor allem Führungskräfte in der Pflicht, sich gewisse Grundkenntnisse auf den Gebieten Datenmanagement (inklusive Datenschutz und Datensicherheit), IT-Sicherheit, Künstliche Intelligenz sowie methodisches Wissen (insbesondere im Projektmanagement) anzueignen. Ganz besonders wichtig ist der Kompetenzaufbau dabei bei Personen, die Führungs- oder sonstige Schlüsselpositionen besetzen.

Zum Kompetenzaufbau sind folgende Maßnahmen geeignet:

- Förderung der Teilnahme an externen Qualifizierungsangeboten, beispielsweise
  - Qualifizierungsprogramme der Länder:
    Qualifizierungsprogramm Kommunale Digitallotsen in Baden-Württemberg: https://digitalakademie-bw.de/module/kommunale-digitallotsen/
    Projekt Digital Leadership in Baden-Württemberg: https://www.diefuehrungsakademie.de/digital-leadership

Grundkurs Digitallotse in Bayern: https://www.bvs.de/fortbi
ldung/weiterbildung/grundkurs-digitallotse/index.html
Fortbildung Digital-Lotse in Niedersachsen: https://www.nsi-
hsvn.de/digital-lotsen.html
Projekt Digital-Lotsen-Sachsen: https://www.ssg-sachsen.de/
index.php?id=dlsn-das-projekt
Qualifizierungsprogramm Smart-City-Manager in Branden-
burg: https://www.digital-agentur.de/bereiche/smart-city-
and-regions/projekte/qualifizierung-zum-smart-city-manager
- Der vom IT-Planungsrat geförderte eGov-Campus: https://egov-
campus.org/
- Der auf Initiative der Metropolregion Rhein-Neckar und des
Kreis Bergstraße in Kooperation mit dem hessischen Ministe-
rium für Digitale Strategie und Entwicklung gegründete Kom-
munalCampus: https://www.kommunalcampus.net/
• Durchführung hausinterner Qualifizierungsmaßnahmen ggf. in
Kooperation mit externen Fortbildungsträgern, Universitäten oder
Hochschulen

4) Eine federführende Zuständigkeit festlegen

Als zentrales Erfolgskriterium hat sich in der kommunalen Praxis ein-
deutig die Festlegung einer federführenden Zuständigkeit für das
Thema Digitalisierung beziehungsweise Smart City herauskristallisiert.
Egal wie die organisatorische Struktur im Detail aussehen mag, es
braucht zwingend eine Person, die das Thema federführend koordiniert und inhaltlich treibt. Das kann eine Digitalisierungsbeauftragte,
eine Digitallotsin, eine Smart-City-Managerin, eine Chief Information
Officer oder eine Chief Digital Officer sein. Entscheidend ist, dass nach
außen und innen klar erkennbar wird, dass die Verwaltungsspitze und
die Kommunalpolitik das Thema Digitalisierung als politische Priorität
definiert haben.

5) Veränderungen behutsam implementieren

Die Praxis zeigt, dass bereits vermeintlich kleine Anpassungen, mini-
malinvasive Nachjustierungen oder harmlose Änderungen von organisatorischen Strukturen, Prozessen, Zuständigkeiten, Methoden, Verantwortlichkeiten oder Rollen bei einzelnen Menschen große emo-
tionale Effekte auslösen können. In Abhängigkeit vom jeweiligen

persönlichen Erfahrungshintergrund können die Reaktionen mitunter beachtlich sein und den Erfolg von Veränderungen ernsthaft in Gefahr bringen. Befindlichkeiten lautet hier das Stichwort. Führungskräfte sind gut beraten, sich diesem weit verbreiteten Phänomen mit der gebotenen Aufmerksamkeit zu widmen. Ganz besonders schwierig können die Befindlichkeiten von Personen werden, die Schlüsselpositionen besetzen und/oder sogenannte Gatekeeper sind. Die also die Macht besitzen nahezu alle Projekte und Maßnahmen zu blockieren, weil sie wichtige Ressourcen verwalten, etwa Personal, Finanzen, IT-Infrastruktur oder bestimmte Daten.

Dem kann begegnet werden durch:

- Die Identifizierung und besondere Beachtung von Schlüsselpositionen und/oder Gatekeepern und deren Befindlichkeiten.
- Die frühzeitige Kommunikation von Veränderung und deren Hintergründe an die Betroffenen.
- Das Aufzeigen der Opportunitätskosten (Was „kostet" Nichtstun?).
- Das Zulassen von und das Eingehen auf Feedback der Betroffenen.
- Den ernsthaften Versuch im Dialog mit den Betroffenen tragbare Kompromisslösungen zu finden, ohne das ursprüngliche Ziel aus den Augen zu verlieren.
- Den Versuch Win-Win-Situationen herzustellen.
- Die Differenzierung der Auswirkungen der Veränderung in eine kurz-, mittel- und langfristige Perspektive (häufig sind Veränderungen nur in der kurzfristigen Perspektive für die Betroffenen unangenehm).
- Die Schaffung von Verständnis für die jeweils andere Seite (vor allem im Konfliktfall).

Exkurs: Führung von Digital- und Smart-City-Teams

Digitalisierungs- und Smart-City-Einheiten ebenso wie temporäre Projektteams werden immer vielfältiger, vor allem interdisziplinärer und interinstitutioneller. In einem solchen Umfeld effektive Zusammenarbeit zu organisieren, stellt hohe Anforderungen an Führungskräfte. Besonders wichtig sind individuelle Flexibilität und Anpassungsfähigkeit. Digital- und Smart-City-Teams zeichnen sich durch unterschiedliche Kompetenzprofile, Persönlichkeiten, Sichtweisen, Bedürfnisse nach Selbstständigkeit und Arbeitsstile aus. Darauf müssen sich Führungskräfte einstellen. Dabei ist nicht nur die Anpassung auf individuelle Eigenheiten und Ansprüche der einzelnen Mitarbeiterinnen erforderlich, sondern auch die Vermittlung und ziel-gerichtete Moderation zwischen den Teammitgliedern. Unterschiedliche Bedürf-nisse und Wünsche müssen auch bei der Etablierung von Strukturen und Prozessen der Zusammenarbeit ausbalanciert werden, damit ein für alle gangbarer Weg gefun-den werden kann. Regeln und Vorgaben dürfen dabei nicht entlang der Heterogenität des Teams ausdifferenziert werden. Es darf keinen Primus inter pares geben.

Das hohe Maß an Schnelllebigkeit und Unsicherheit stellt eine weitere Heraus-forderung für die Führung von Smart-City- und Digital-Teams dar. Projekte sind stark vom technologischen Fortschritt sowie von der Dynamik in der Regulierung von Plattformen, Künstlicher Intelligenz, Big Data und Co. abhängig. Dies ver-langt Führungskräften eine regelmäßige Neubewertung der Lage und ein damit verbundenes Umsteuern und Nachjustieren von Projekten und Strategien ab. Lang-fristige Pläne müssen deshalb ein Mindestmaß an Offenheit und Anpassbarkeit aufweisen, sodass Änderungen technischer oder rechtlicher Rahmenbedingungen integriert und verarbeitet werden können, ohne die Gesamtstrategie zu gefährden. Um nicht als wankelmütig wahrgenommen zu werden, sollten Kurskorrekturen den Mitarbeiterinnen gegenüber transparent kommuniziert und erklärt werden.

Generell sind bei Führungskräften eine hohe soziale Kompetenz und Kom-munikationstalent in allen Situationen und Fällen gefragt, in denen zwischen Digital-Teams und der „alten Verwaltungswelt" vermittelt werden muss. Sie wirken als Brückenköpfe, Moderatorinnen und Übersetzerinnen zwischen ihrem Team und allen Akteurinnen außerhalb des Teams. Ziel ist die Herstellung von Verständnis für das Verhalten des jeweils anderen und das Finden gangbarer Wege.

Wo dies nicht gelingt, ist von Führungskräften ein konstruktiver und gesun-der Umgang mit Rückschlägen und Frustration gefragt, den sie gegenüber ihrem Team vorleben müssen. Führungskräfte sind Vorbilder, ob sie das sein wollen oder nicht und in dieser Rolle haben sie eine Verantwortung gegenüber ihren Mitarbei-terinnen. Digitalisierung bedeutet immer auch Modernisierung und Veränderung und stößt deshalb nicht überall und uneingeschränkt auf Zustimmung. Vielmehr müssen Smart-City-Teams auch immer öfter mit Ablehnung und Desinteresse umge-hen. In diesen Momenten baut sich bei den Mitarbeiterinnen aus nachvollziehbaren Gründen Frustration auf. Es zählt mit zu den wichtigsten Führungsaufgaben, diese Frustration aufzufangen und in konstruktive Bahnen zu lenken. Es gilt in diesen Situationen zu vermitteln, dass Desinteresse und Misserfolge natürliche Elemente von Digitalisierungs- und Modernisierungsarbeit sind. Dann wird es sogar häufig erst richtig interessant. Denn solche Fälle sind wertvolle Möglichkeiten, die eigenen Fähigkeiten weiterzuentwickeln, dazuzulernen und echte Erfolgsmomente zu erle-ben. Gleichzeitig spielt bei Frustrationserfahrungen der Teamzusammenhalt eine besonders wichtige Rolle. Sozialer Zusammenhalt, eine Kultur der gegenseitigen

Anerkennung und Wertschätzung, der Offenheit und Ehrlichkeit sind dann besonders wichtig. Die gezielte Stärkung dieser Teammerkmale und die Förderung dieser Kultur sind Führungsaufgaben.

Speziell in Digital-Teams sind der persönliche Entwicklungspfad und die individuelle Lernkurve von Mitarbeiterinnen oft besonders steil. Für Führungskräfte bedeutet das, dass regelmäßige Selbstreflexion angesagt ist. Die eigene Rolle im Team muss kontinuierlich mit den veränderten Anforderungen der Teammitglieder an Führung abgeglichen und weiterentwickelt werden. Zu reflektieren sind insbesondere der Umgang mit den Mitarbeiterinnen und deren gezielte Förderung, der eigene Führungsstil ebenso wie die Effektivität in der Organisation von Zusammenarbeit.

Zusammengefasst: Merkmale guter Führung
In Zeiten digitaler Transformation braucht es mehr Führungskräfte, die...

- sich erklären
- Beraten statt Anweisen
- Orientierung geben anstatt alles (besser) zu wissen
- Ziele anstatt Wege vorgeben
- Ermutigen anstatt Verängstigen
- mitsprechen lassen und nicht Durchregieren
- Fehler machen lassen anstatt absolute Perfektion zu verlangen
- Lernerfahrungen als mindestens ebenso wertvoll bewerten wie Projekterfolge
- Befähigen anstatt Bevormunden
- Pragmatismus vor blinde Struktur- und Prozessgläubigkeit stellen
- Kontrolle abgeben können
- Demotivation und Frustration auffangen, einordnen und in konstruktive Bahnen lenken
- ein gesundes Verhältnis zum eigenen Ego haben
- wissen, wo sie hinwollen und das auch vermitteln

10.2 Eine neue Organisationseinheit schaffen

Die beiden in Abschn. 10.1 dargestellten Ansätze bei der Gestaltung der organisatorischen Zuständigkeit kommen ohne größere Eingriffe in die Organisation aus. Insbesondere in größeren Städten und Stadtkreisen kann ergänzend eine weitere Variante organisationsstruktureller Gestaltung beobachtet werden, die als weiterentwickelter dezentraler Ansatz bezeichnet werden könnte. Beispiele dafür sind die baden-württembergischen Städte Wiesloch, Friedrichshafen, Sindelfingen, Ludwigsburg, Leinfelden-Echterdingen sowie die Stadtkreise Karlsruhe, Mannheim, Baden-Baden, Freiburg und Pforzheim. Wo man dem Prinzip „Klotzen statt Kleckern" folgt, werden häufig neue Organisationseinheiten, wie ein Fachbereich, eine Stabsstelle oder ein Amt für Digitalisierung, geschaffen. Das muss nicht immer eine Neugründung in Reinform sein. Häufig werden bereits bestehende Organisationseinheiten weiterentwickelt, ausgebaut und gestärkt. Den Nukleus für Digitalreferate bilden häufig IT-Ämter, die mit den Bereichen Stadtentwicklung und/oder Organisation verschmolzen werden. Abb. 10.3 zeigt den weiterentwickelten dezentralen Ansatz anhand des Organigramms einer Verwaltung, wie sie für Kommunen bis 20.000 Einwohnerinnen typisch ist.

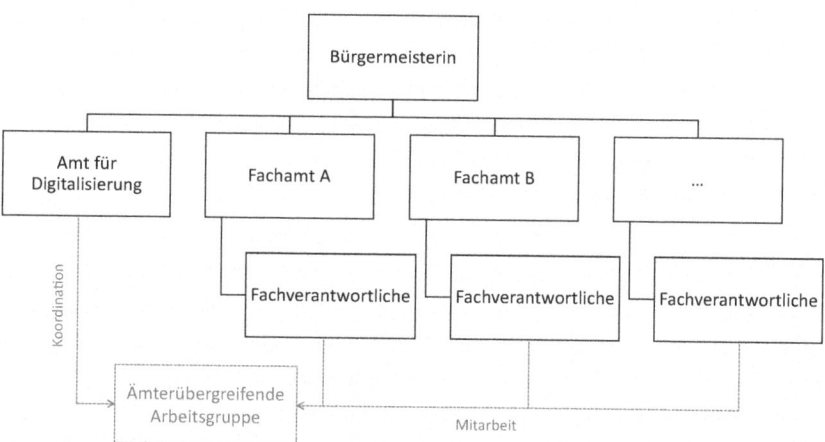

Abb. 10.3 Weiterentwickelter dezentraler Ansatz anhand eines für Kommunalverwaltungen in Gemeinden bis 20.000 Einwohnerinnen typischen Organigramms. (In Anlehnung an Benz, 2023, S. 264)

Freilich begründet auch die Schaffung einer neuen Organisationseinheit keinen Automatismus für einen gelungenen Digitalisierungsprozess. Die Einheit muss auch mit einer angemessenen Ressourcenausstattung versehen werden, um die notwendige Durchschlagskraft entfalten zu können. Dies umfasst in erster Linie finanzielle und personelle Ressourcen sowie Entscheidungskompetenzen. Unter diesen Voraussetzungen kann eine eigene organisatorische Einheit zu einer verwaltungsinternen Schnittstelle werden, die alle mit der Entwicklung und Umsetzung einer Digitalisierungs- oder Smart-City-Strategie zusammenhängenden koordinierenden, kommunikativen und partizipativen Aufgaben ebenso wie Monitoring und Fortschreibung übernimmt. Auf diese Weise kann in Zusammenarbeit mit den Fachbereichen, die für die inhaltliche Projektumsetzung zuständig sind, ein arbeitsteilig agierendes und kommunizierendes Netzwerk entstehen, ohne dass die Eigenständigkeit der Fachbereiche beeinträchtigt wird. Auch die Querschnitthaftigkeit der Digitalisierung wird dabei gestärkt.

Für eine einzelne Verwaltungsmitarbeiterin (wie in dem in Abschn. 10.1 beschriebenen originären dezentralen Ansatz vorgesehen) sind diese umfassenden Schnittstellenaufgaben neben dem Tagesgeschäft nicht leistbar. Darüber hinaus haben eigene Digitaleinheiten einen erweiterten finanziellen Handlungsspielraum im Vergleich zu einer einzelnen Digitalverantwortlichen, die Teil eines Fachamtes und damit in die etablierten Strukturen und Prozesse des Fachbereichs integriert ist. So sind eigenständige Digitaleinheiten in der Lage, eigene Bedarfe und Ausgaben im Rahmen des Verfahrens der kommunalen Haushaltsplanaufstellung anzumelden. Dies ermöglicht das Setzen eigener inhaltlicher Schwerpunkte.

Das bereits in Abschn. 10.1 zur Behutsamkeit bei der Implementierung von Veränderungen Gesagte, gilt ganz besonders bei der Neugründung oder Weiterentwicklung von Organisationseinheiten. Der tatsächliche oder vermeintliche Verlust von Macht, Entscheidungskompetenzen, Ressourcen oder Bedeutung kann enorme Beharrungskräfte freisetzen. Optimalerweise werden deshalb umfangreiche organisatorische Veränderungen mit ausreichend Zeit umgesetzt und von einem professionellen Changemanagement begleitet. Die Schaffung einer neuen Digitalisierungseinheit gelingt nicht nebenbei und nicht von heute auf morgen. Alle Beteiligten, allen voran die Führungskräfte, müssen sich auf einen langwierigen, mühsamen und von Rückschlägen geprägten Weg einstellen. Am Ende werden sich die Mühen dann gelohnt haben, wenn es gelungen ist, eine Querschnittseinheit zu schaffen, die dank gezielter Bündelung der für die Digitalisierung wichtigsten Fach- und Aufgabenbereiche in der Lage ist, die Grundlagen für die Umsetzung von Digitalprojekten in eigener Verantwortung zu schaffen. Gemeint sind hier insbesondere technische Grundlagen wie IT-Infrastruktur, Software und Daten sowie Grundlagen in den Bereichen Governance, Strategie und

Kommunikation. Die Digital-Einheit muss also Zugriff und Einfluss haben auf diejenigen Ressourcen, Aufgaben und Strukturen, die innerhalb der Gesamtorganisation für die strategische und projektbezogene Digitalisierung unerlässlich sind.

Exkurs: Für die Digitalisierungsarbeit eine kommunale Digitalisierungs-GmbH nutzen

Eine neue Organisationseinheit muss nicht zwingend innerhalb von Verwaltungsstrukturen geschaffen werden. Insbesondere im Zusammenhang mit der Umsetzung von Förderprogrammen haben einige Städte den Aufgabenkomplex Digitalisierung größer gedacht und für ihre Digitalisierungsarbeit eigene Rechtsformen geschaffen. Die bisher in der Kommunalpraxis am häufigsten genutzte Rechtsform ist die Gesellschaft mit beschränkter Haftung (GmbH). Kommunale Digital-GmbHs wurden etwa in Kaiserslautern (KL.digital GmbH), Darmstadt (Digitalstadt Darmstadt GmbH) und Mannheim (sMArt City Mannheim GmbH) gegründet.

Die Gründung einer GmbH durch die Gemeinde ist in den Gemeindeordnungen aller Bundesländer grundsätzlich erlaubt (BBSR, 2019b, S. 10). Die Gesellschafter haften bis zur Höhe ihres Stammkapitals, welches insgesamt mindestens 25.000 EUR betragen muss (§ 5 Abs. 1 GmbHG). Die Gründung einer kommunalen Smart-City- oder Digital-GmbH hat Vor- und Nachteile, die jeweils im Lichte der örtlichen Gegebenheiten und den vorgesehenen Aufgaben der GmbH betrachtet werden müssen. Eine pauschale Empfehlung für alle Kommunen kann es deshalb nicht geben. Um dennoch eine individuelle Einschätzung zur Geeignetheit der GmbH für die lokale Digitalisierungsarbeit zu ermöglichen, werden nachfolgend die Erfahrungen aus sechs Jahren Digitalisierungsarbeit mit der KL.digital GmbH in Kaiserslautern aufgearbeitet.

Zu den offensichtlichen Vorteilen einer kommunalen Digital-GmbH zählt – bei entsprechender Gestaltung – deren vergaberechtliche In-house-Fähigkeit. Gem. § 108 Abs. 1 Nr. 1 bis 3 GWB können Aufträge von der Kommune an die eigene Digital-GmbH ausschreibungsfrei vergeben werden, wenn die Gemeinde über die GmbH eine ähnliche Kontrolle wie über ihre eigenen Dienststellen ausübt, die GmbH im Wesentlichen für die Kommune tätig ist und grundsätzlich keine direkten privaten Kapitalbeteiligungen an der GmbH bestehen (BBSR, 2019a, S. 8–9). Die Stadt Kaiserslautern ist Alleingesellschafterin der KL.digital GmbH. Da die Gesellschaft des Weiteren keinerlei Geschäftsbeziehungen zu Dritten unterhält, ist die GmbH gem. § 108 Abs. 1 GWB in-house-fähig. Finanziert über eine Fördermittelweiterleitung übernimmt die KL.digital GmbH für die Stadt Kaiserslautern die Umsetzung mehrerer Smart-City-Projekte sowie verschiedene Querschnittsaufgaben wie Öffentlichkeitsarbeit und Kommunikation, Veranstaltungsmanagement sowie die Gesamtprojektleitung im Smart-Cities-Programm. Die Gründe für die teilweise Auslagerung der Projektarbeit und der Programmumsetzung in Kaiserslautern sind im Einzelnen vielfältig. Zusammengefasst lassen sie sich jedoch auf ein einfaches Prinzip vereinen: Im Vergleich zur Kernverwaltung ist die GmbH in der Lage, schneller, effizienter, individueller und flexibler zu agieren. Kurzum: Sie ist handlungsfähiger. Bei der Umsetzung von Digitalprojekten mit begrenzter Laufzeit in einem dynamischen Umfeld, dessen Gesetzmäßigkeiten sich nicht den Funktionsregeln der Verwaltung unterwerfen, ist eine kleine schlagkräftige GmbH der großen Kernverwaltung organisatorisch weit überlegen.

Überall dort, wo in großen Organisationen Regeln gelten, die sowohl für jedes einzelne Organisationsmitglied als auch für die Organisation in ihrer Gesamtheit funktionieren (müssen) und vorhandene rechtliche Spielräume deshalb in der Praxis oftmals nicht ausgeschöpft werden (können), herrschen in kleinen Organisationen Freiräume für Individualität. Schon aufgrund der Fördermittelweiterleitung ist die KL.digital GmbH kraft Zuwendungsbescheid denselben rechtlichen Pflichten und lokalen Regularien unterworfen, wie sie auch für die Stadtverwaltung gelten. So ist die GmbH beispielsweise an die lokalen verwaltungsinternen Regelungen für Beschaffungen gebunden, die über generelle vergaberechtliche Vorschriften hinausgehen. Dennoch kann sie alleine aufgrund ihrer geringeren Organisationsgröße und weniger komplizierten Strukturen schneller, individueller und flexibler agieren. Viele Workflows, Genehmigungswege und Abstimmungsprozesse und mit ihnen eine Vielzahl nicht zwingend übereinstimmender Interessen sowie politischer Motive entfallen schlicht aufgrund der Einfachheit und geringen Komplexität der GmbH-Strukturen. Dies betrifft methodische, prozessuale und strukturelle Aspekte der inneren Organisation, strategische Entscheidungen, Zusammenarbeitsformen, Entscheidungs- und Genehmigungswege sowie kulturelle Bereiche wie Führungsstil, Teamkultur, Leitbilder und Codices. So sind flexible Arbeitszeiten und -orte, moderne Arbeitsmittel, flache Hierarchien, hohe Eigenverantwortung, kurze Entscheidungswege, umfangreiche Mitsprache, regelmäßige soziale Events und ein moderner Führungsstil in der Kernverwaltung nicht flächendeckend üblich, für die Mitarbeitenden in der KL.digital GmbH jedoch Normalität. Für die Umsetzung von Smart-City-Projekten sind diese Aspekte echte Erfolgsfaktoren, weil sie Garanten für eine hohe Motivation und Zufriedenheit der Mitarbeitenden sind und sich in weit überdurchschnittlichem Engagement niederschlagen. Auch werden regelmäßige Veränderungsbedarfe an bestehenden Regeln, Strukturen und Prozessen in kleinen Organisationen wie der KL.digital GmbH schneller wahrgenommen und lassen sich besser und einfacher implementieren, sodass die GmbH insgesamt als organisatorisch lernfähiger bezeichnet werden kann.

Die Eigenständigkeit der KL.digital GmbH ist zugleich jedoch auch ihr größter Nachteil. Untergebracht in eigenen Räumen, mit eigener IT- und Telekommunikationsinfrastruktur sowie eigenen Ressourcen und Kompetenzen wird die GmbH von der Kernverwaltung mit allen anderen kommunalen Beteiligungen gleichgesetzt und dementsprechend als extern und außenstehend behandelt. So sehr man sich in den vergangenen Jahren auch bemüht hat, es ist nur an einzelnen Stellen gelungen, die GmbH kulturell als Teil der Verwaltung zu etablieren. In der Folge werden gemeinsame Smart-City-Projekte und Aktivitäten von zahlreichen Verwaltungsmitarbeitenden nicht als Kooperationen, sondern als Auftragsverhältnis verstanden. Viele Abteilungen, Referate und Teams sehen sich nicht als (mit)verantwortlich für den Projekterfolg und als Profiteure einer Maßnahme, sondern eher als Zulieferer von Informationen oder als Prüf- und Genehmigungsstelle. Dies hat unter anderem zur Folge, dass Kooperationsersuchen und sonstige Anfragen der GmbH oftmals auf dem großen Stapel der täglich abzuarbeitenden Aufgaben landen und unter Umständen lange auf Erledigung warten. Weiterhin ist die GmbH von verwaltungsinternen Kommunikations- und Informationsflüssen, wie beispielsweise Leitungsrunden oder dem städtischen Intranet abgekoppelt und viele Türen sind der GmbH bis heute ganz verschlossen geblieben. Auf diese Weise bleibt viel Potential ungenutzt: Fördermittel, Expertise und personelle Ressourcen könnten noch viel stärker für Verwaltungsarbeit und die Erfüllung kommunaler Aufgaben fruchtbar gemacht werden. Es gibt jedoch auch Positivbeispiele, die zeigen, dass das Modell der Digital-GmbH funktionieren kann. Wo bei Führungskräften und Verwaltungsmitarbeitenden in Schlüsselpositionen der Wille vorhanden und erkannt ist, inwiefern die eigene Person oder Verwaltungseinheit von der Kooperation profitiert, wurden in der Praxis bereits beispielgebende Projekte realisiert.

Schließlich darf auch der finanzielle Aufwand zur Unterhaltung einer eigenen Digital-GmbH nicht unerwähnt bleiben. Eine kommunale Gesellschaft mit eigenem Personal und operativem Geschäftsbetrieb ist ein kostspieliges Unterfangen. Im Verhältnis zur Kernverwaltung müssen schon aus rechtlichen Gründen viele Parallelstrukturen aufgebaut und finanziert werden. Alle Querschnittsbereiche, wie insbesondere Finanzen, Personal, Organisationsmanagement und Führung, müssen für die GmbH separat unterhalten werden. Hinzukommt eigene Infrastruktur, wie Räume, Ausstattung und Technik, und der gesellschaftsrechtliche Gremienbetrieb. Diese Aufwände entstehen weitgehend unabhängig von der Projektarbeit und der Größe der Gesellschaft im Hinblick auf die Anzahl der Mitarbeitenden und dem „Umsatz". Schnelligkeit, Flexibilität und Handlungsfähigkeit haben ihren Preis. Insbesondere dann, wenn diese Ausgaben nicht im Rahmen von Förderprogrammen förderfähig sind, müssen die Entscheidungsträgerinnen vor Ort Kosten und Nutzen abwägen.

Als erstes Zwischenfazit nach etwa sechs Jahren Digitalisierungsarbeit mit der KL.digital GmbH ist zu konstatieren, dass die als kleine Organisation ausgestaltete Rechtsform der GmbH mit den besonderen Anforderungen bei der Umsetzung von Smart-City- und Digitalprojekten besser umgehen kann als die Kernverwaltung. Wo finanzielle Aufwände nicht die entscheidende Rolle spielen, sollte die Gründung einer schlagkräftigen GmbH als Alternative zur Projektumsetzung über bestehende Verwaltungsstrukturen ernsthaft geprüft werden. Dabei ist die Dauer des Gründungsprozesses bis zur Herstellung der Arbeitsfähigkeit der Gesellschaft nicht zu unterschätzen. Für Förderprogramme mit nur kurzer Laufzeit ohne weitere langfristige Perspektive für die Geschäftstätigkeit der GmbH ist das Modell deshalb grundsätzlich nicht zu empfehlen. Als grobe Faustregel kann ein Förderzeitraum ab zwei Jahren gelten. Generell ist die Entscheidung für oder gegen eine kommunale Digital-GmbH jedoch stark von den örtlichen Rahmenbedingungen und Prioritäten abhängig. Im Einzelnen kommt es darauf an, welche finanziellen Ressourcen zur Verfügung stehen, ob lokal bereits leistungsfähige Strukturen zur Programmumsetzung vorhanden oder angelegt sind und welche Relevanz den Themen Digitalisierung und Smart City von den Entscheidungsträgerinnen zugeschrieben wird.

Literatur

Benz, I. (2023). *Zukunft smarte Kommune – Modellentwurf, Vorgehen und Handlungsempfehlungen für kleine Städte und Gemeinden.* Springer Fachmedien GmbH. https://doi.org/10.1007/978-3-658-40373-7.

Bundesinstitut für Bau-, Stadt- und Raumforschung (BBSR). (Hrsg.). (2019a). *Smart Cities gestalten. Anforderungen und Möglichkeiten des Vergaberechts.*

Bundesinstitut für Bau-, Stadt- und Raumforschung (BBSR). (Hrsg.). (2019b). *Smart Cities gestalten. Welche Rechts- und Organisationsform wählen?*

Schenk, B., & Schneider, C. (2019). *Mit dem digitalen Reifegradmodell zur digitalen Transformation der Verwaltung: Leitfaden für die Organisationsgestaltung auf dem Weg zur Smart City.* Springer Gabler. https://doi.org/10.1007/978-3-658-27754-3.

Die smarte Kommune Realität werden lassen

Wie es nach der Erarbeitung der Strategie weitergeht

Zusammengefasst sind auf dem Weg zur smarten Kommune also insgesamt sechs Schritte zu gehen, die von zwei begleitenden Prozessen flankiert werden (vgl. Abb. 11.1).

Die einzelnen Schritte sind dabei als Bausteine zu verstehen, die in der Reihenfolge variiert oder miteinander kombiniert werden können. Allerdings ist kein Baustein verzichtbar, ohne dass die Qualität des Strategieprozesses deutlich beeinträchtigt wird. Abb. 11.1 visualisiert mithin den Mindeststandard kommunaler Strategieentwicklungsprozesse. Dabei sind sowohl die einzelnen Bausteine als auch der Gesamtprozess erweiterbar. Je nach Verfügbarkeit von Ressourcen, örtlichen Bedürfnissen und Notwendigkeiten oder lokalen Besonderheiten kann der Prozess verlängert, erweitert, iterativer, intensiver und vielfältiger werden.

Sobald das finale Strategiepapier vom Gemeinderat verabschiedet ist, beginnt die Arbeit erst richtig. Dann geht es an die Umsetzung der ausgewählten Maßnahmen. In einigen Kommunen kommt dann ein Moment, in dem den Verantwortlichen die Puste ausgeht, die Luft raus ist, die Motivation zum Weitermachen fehlt. Situationen dieser Art ergeben sich häufig dann, wenn bereits der Strategieerarbeitungsprozess von den Verantwortlichen in der Verwaltung als schwierig, mühsam und kräfteraubend empfunden wurde. An dieser Stelle sei an das in Abschn. 10.1 zum Thema Frustrationstoleranz und die Verantwortung von Führungskräften Gesagte erinnert. Vor allem Mitarbeitende in Führungspositionen sind dann gefragt, dem Smart-City-Team oder einzelnen Digitalisierungsverantwortlichen in der Verwaltung durch geeignete Maßnahmen, insbesondere Team-Events oder wertschätzende bilaterale Gespräche, zu neuer Motivation zu verhelfen und die gemeinsame Mission wieder in Erinnerung zu rufen.

I. Benz, *Smarte Kommune*, https://doi.org/10.1007/978-3-658-42888-4_11

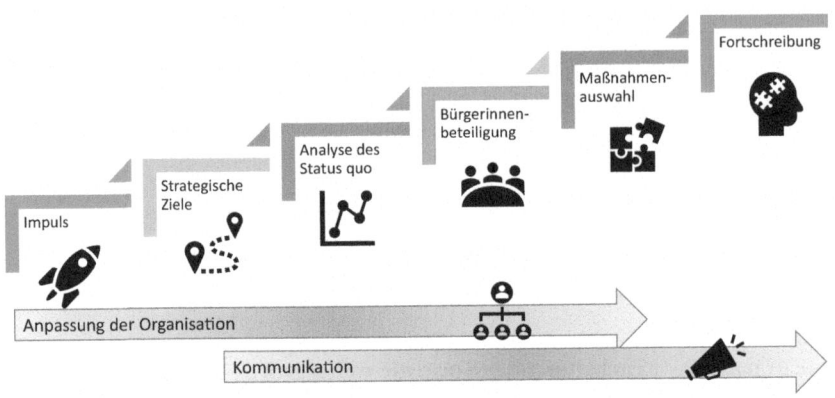

Abb. 11.1 Schritte auf dem Weg zur smarten Kommune. (In Anlehnung an Benz, 2023, S. 303)

Wie die wichtigen ersten Schritte vom Papier in die Umsetzung gelingen, wird in Abschn. 11.1 behandelt. Abschn. 11.2 dreht sich daran anknüpfend um die Nachhaltigkeit von Projekten. Es geht also darum, wie Projektergebnisse auch nach dem Ende von Förder- oder Projektlaufzeiten hinaus einen dauerhaften Nutzen stiften können. Dieses Kapitel abschließend wird in Abschn. 11.3 die neue Rolle der Digitalisierungsverantwortlichen in den Blick genommen. Damit Digitalisierungsprozesse in Kommunen langfristig gelingen können, braucht es jemanden, der bzw. die sich kümmert. Chief Digital Officers, Digitalisierungsbeauftragte oder Smart-City-Managerinnen sehen sich üblicherweise mit hohen Erwartungen und Erfolgsdruck konfrontiert. Doch was können diese neuen Rollen tatsächlich realistisch erreichen? Was sollen, wollen und müssen sie für ihre Kommune sein?

11.1   Vom Papier in die Umsetzung

Es wurde bereits festgehalten, dass einer der kritischen Erfolgsfaktoren für kommunale Digitalisierungsprozesse das Vorhandensein geeigneter organisatorischer Strukturen und Prozesse ist. Ebenso wichtig ist die Festlegung einer federführenden Zuständigkeit einschließlich der Zuweisung notwendiger Entscheidungskompetenzen und Ressourcen. Kurzum: Es braucht zuallererst und notwendigerweise ein handlungsfähiges Digital-Team oder eine starke Digitalisierungsverantwortliche, das oder die sich um die Umsetzung von Maßnahmen kümmert. Kümmern heißt dabei nicht notwendigerweise jedes einzelne Projekt in eigener Verantwortung umzusetzen. Kümmern heißt vielfach auch schlicht Koordinieren, Begleiten, Beraten, Flankieren oder Anstoßen. Bevor also der Startschuss für die Maßnahmenumsetzung fällt, müssen geeignete organisatorische Voraussetzungen geschaffen worden sein.

Im Weiteren braucht es zwingend die notwendigen, vor allem finanziellen, Ressourcen zur Implementierung von Maßnahmen. Zuerst ist dabei an den Einsatz eigener kommunaler Haushaltsmittel zu denken. Eigenmittel der Kommune sind jedoch nicht die einzigen möglichen Finanzierungsquellen für Smart-City-Projekte. Ergänzend kommen beispielsweise Sponsoring, Spenden, Umlagefinanzierung, Förderprogramme, Crowdfunding sowie Kostenteilung über interkommunale Zusammenarbeit in Betracht.

Praxisbeispiel: Die interkommunale Datenplattform des Zweckverbands KAAW

Als Beispiel für die Finanzierung im Wege der interkommunalen Kostenteilung ist die interkommunale Datenplattform des nordrhein-westfälischen Zweckverbands Kommunale ADV-Anwendergemeinschaft West (KAAW) zu nennen. Das Betriebsmodell soll besonders den Bedürfnissen kleiner und mittlerer Verbandskommunen im ländlichen Raum Rechnung tragen.

Weitere Informationen zur interkommunalen Datenplattform finden sich auf der Webseite des KAAW: https://kaaw.de/positive-resonanz-fur-die-interkomm unale-datenplattform-der-kaaw-beim-netzwerktreffen-des-geonetzwerk-mr/

Über das zugehörige Dashboard (https://kaaw.urbanpulse.de/#!/tiles/) werden etwa Wetterdaten (Lufttemperatur, Windgeschwindigkeit, Niederschlag, etc.), Parkplatzbelegung, Füllstände von Abfalleimern oder Wasserpegelstände visualisiert.◄

► **Praxistipp: Als Versuchskaninchen weniger bezahlen**
Insbesondere im Startup-Umfeld gibt es für Gemeinden immer wieder die Möglichkeit, sich als Testkommune für neue technische Lösungen oder Weiterentwicklungen zur Verfügung zu stellen. Im Gegenzug für das Zurverfügungstellen als Experimentierfeld kommen Pilotkunden häufig in den Genuss einer kostenlosen oder stark verbilligten Nutzung des entsprechenden Produkts. Insbesondere im Falle von Neu- oder Weiterentwicklungen eines Produkts besteht spätestens seit der Fokussierung auf das Prinzip der Anwenderinnenzentrierung ein großer Bedarf an Testnutzerinnen, die Teil

der Produkt(weiter)entwicklungszyklen werden. Für die Testkommune bedeutet dies, dass sie regelmäßig Feedback geben, an Testläufen teilnehmen oder sich als Referenz zur Verfügung stellen muss. Ein positiver Nebeneffekt der Rolle als Testkommune ist außerdem die Möglichkeit, die eigenen kommunalen Bedarfe und Notwendigkeiten in die Produkt(weiter)entwicklung einfließen lassen und auf diese Weise Lösungen nach den eigenen Vorstellungen gestalten zu können.

Gelegenheiten dieser Art ergeben sich nicht nur in der Zusammenarbeit mit Startups. Auch etablierte Unternehmen setzen verstärkt auf dieses Vorgehen.

Aufgabe von Smart-City-Teams beziehungsweise Digitalisierungsverantwortlichen ist es, Finanzierungsmöglichkeiten zu prüfen und in die entsprechende Akquise einzusteigen.

Während einige Aufgaben wie die Finanzierung oder der Aufbau organisatorischer Strukturen sich überwiegend in einem initialen Aufwand zu Projektbeginn niederschlagen, gibt es daneben ein paar wichtige Aufgaben, die die Projektumsetzung fortlaufend begleiten. Zu diesen Daueraufgaben zählt das Werben um kommunalpolitische Unterstützung für die eigenen Projekte, die zielgruppengerechte Kommunikation der eigenen Arbeit, die Beteiligung der Bürgerschaft am Digitalisierungsprozess in der Kommune sowie das Stakeholdermanagement. In kommunikativer Hinsicht gilt es, den Digitalisierungsprozess immer wieder in den Aufmerksamkeitshorizont der Bürgerinnen, politischen Entscheiderinnen, Verwaltungsmitarbeiterinnen und Verantwortungsträgerinnen zu schieben. Im Marketingfachjargon würde man dies als „kommunikatives Grundrauschen" bezeichnen. Aufgrund ihrer besonderen Relevanz für die Finanzierung von Projekten muss die Zielgruppe der Gemeinderätinnen dabei gesondert betrachtet und mit Nachdruck adressiert werden. Eigene Formate für Gemeinderatsmitglieder, exklusive Informationen, Schirmherr- und Themenpatenschaften und ähnliche Kniffe können helfen, mit Digitalthemen nah an die politischen Entscheiderinnen zu kommen und auch dort zu bleiben.

Stakeholdermanagement bedeutet vorrangig, aber nicht ausschließlich Netzwerkarbeit. Smart-City-Teams und Digitalisierungsverantwortliche haben die Aufgabe, Zusammenarbeit zwischen unterschiedlichen Stakeholdern zu koordinieren, Verantwortlichkeiten zu benennen, Regeln festzulegen und Anreize für Kooperation zu schaffen (BBSR, 2022a, S. 11). Der Begriff „Stakeholder" nimmt Bezug auf die Erwartung oder das individuelle Interesse einer Person oder Gruppe (Newcombe, 2003, S. 843). Die für die Umsetzung eines Smart-City-Projekts relevanten Stakeholder beschränken sich deshalb nicht notwendigerweise auf die Einwohnerinnen der Kommune. Vielmehr können beispielsweise auch regional tätige Unternehmen, kommunale IT-Dienstleister, Universitäten oder Medien Interesse daran haben, sich in die Gestaltung der smarten Kommune einzubringen. Das Interesse lokaler Akteurinnen bezieht sich dabei häufig auf die Gestaltung des unmittelbaren Lebens- beziehungsweise Geschäftsumfelds. Die Rollen, die einzelne Stakeholder einnehmen können, sind jedoch stark kontextabhängig. So kann die Kommunalverwaltung beispielsweise sowohl Entscheiderin und Auftraggeberin als auch Umsetzerin von Maßnahmen sein. Bürgerinnen können in Abhängigkeit von der individuellen Einsatzbereitschaft gleichzeitig Impulsgeberinnen, Begünstigte, Umsetzende oder Gutachterinnen sein (zu den verschiedenen Rollen vgl. Raffl et al., 2014, S. 52). Der „richtige Stakeholdermix", der sich aus Verwaltung, Zivilgesellschaft, Wissenschaft und Wirtschaft zusammensetzt, wird als wichtiger Erfolgsfaktor einer Smart City genannt (Manville et al., 2014, S. 77, 95).

► **Praxistipp: Akteursmapping zur Identifizierung von Projektbeteiligten**

Zur Identifizierung, Priorisierung und Analyse der Stakeholder-Landschaft kommt in der Praxis häufig die Methodik des Akteursmappings zum Einsatz.

Beim Akteursmapping werden zunächst Akteursgruppen und innerhalb dieser Gruppen einzelne Personen identifiziert und gesammelt, die für die Umsetzung eines Smart-City-Projekts relevant sind. In einem weiteren Schritt werden diese Personen drei Ringen eines Kreises entsprechend ihrer Rolle als Schlüsselpersonen (innerer Ring), Stakeholder im erweiterten Feld (mittlerer Ring) sowie periphere Stakeholder (äußerer Ring) zugeordnet. Dabei sollten Schlüsselpersonen aufgrund ihres Wissens oder ihrer Rolle einen direkten Einfluss ausüben können, eine bedarfsweise Einbindung sollte bei Stakeholdern im erweiterten Ring erfolgen und Personen, die dem peripheren Ring zugeordnet wurden, werden nur punktuell nach Bedarf hinzugezogen oder erfüllen beratende Funktionen (BBSR, 2022b, S. 64–65).

Sind organisatorische und finanzielle Fragen zumindest für die großen und wichtigen Smart-City-Projekte geklärt, steht dem Startschuss noch eine wichtige Fragestellung im Weg: Mit welchem Projekt beziehungsweise welchen Projekten anfangen? Diese Frage ist weder trivial noch unwichtig. Digitalisierungsverantwortliche sind gut beraten, eine kluge Reihenfolge der Projektumsetzung

festzulegen. Sofern der Gemeinderat oder andere Entscheiderinnen dazu keine
Priorisierung vorgegeben haben, sollte die Reihenfolge anhand folgender Fragestellungen und Überlegungen bestimmt werden:

- **Quick-Win-Projekte:** Sogenannte Quick-Win-Projekte sind für die Akzeptanz
  und Unterstützung des gesamten Digitalisierungsprozesses unbedingt erforderlich. Quick-Win-Projekte sind Maßnahmen, die schnell umsetzbar sind und
  einen breiten Nutzen für eine Vielzahl von lokalen Stakeholdern entfalten.
- **Hoffnungsprojekte:** Wo drückt vor Ort der Schuh am meisten? An welcher
  Stelle kann also gezeigt werden, dass digitale Technologien ein geeigneter Lösungsansatz für vorhandene Herausforderungen sein können? Es geht
  hier um Überzeugungsarbeit und das Wecken einer grundsätzlichen Bereitschaft der lokalen Stakeholder, sich in der Zukunft auf weitere Digitalprojekte
  einzulassen. Wenn es mindestens einmal gelungen ist zu belegen, dass Digitalisierung reale Probleme lösen kann, stärkt dies auch bei Skeptikerinnen die
  Offenheit für weitere Maßnahmen.
- **Leuchtturmprojekte:** Welches Projekt leuchtet am hellsten? Auch wenn
  Leuchtturmprojekte nicht immer den größten praktischen Nutzwert aufweisen und deshalb manchem als nice-to-have erscheinen mögen, so erfüllen
  sie dennoch eine wichtige Funktion im Digitalisierungsprozess. Die Kommunalpraxis zeigt immer wieder, dass Motivation, Überzeugung, Unterstützung
  und Akzeptanz vor Ort mindestens eine Maßnahme brauchen, die den lokalen
  Akteurinnen ein Gefühl des Besondersseins gibt. Es braucht ein Projekt, das
  als Aushängeschild der Gemeinde gegenüber Besucherinnen, der Landes- und
  Bundespolitik und Vertreterinnen aus anderen Kommunen fungiert. Leuchtturmprojekte erfüllen mehr eine psychologische Funktion als einen hohen
  praktischen Nutzwert.

Bestenfalls reichen die zur Verfügung stehenden Ressourcen aus, um jeweils ein
Projekt aus jeder der drei vorstehend beschriebenen Kategorien für den Start
der Umsetzungsphase auszuwählen. Die Implementierung sollte dann möglichst
parallel angegangen werden. Hilfsweise sollte unbedingt ein Quick-Win-Projekt
den Anfang machen.

Damit steht der Umsetzung der Smart-City- beziehungsweise Digitalisierungsstrategie nichts mehr im Weg. Es kann also losgehen. Während der
Strategieumsetzung ist es ratsam, sich sukzessive ein Netzwerk aus Vertreterinnen anderer Kommunen, aus Landkreisen, Landes- und Bundesbehörden, der
Wissenschaft, der Wirtschaft, zivilgesellschaftlicher Initiativen und der Fachcommunity aufzubauen und zu pflegen. Ein gutes Netzwerk kann viele Dinge

einfacher machen, weil Probleme und Herausforderungen häufig ähnlich sind und man einige Themen überhaupt erst gemeinsam in konzertierten Aktionen angehen kann. Beispielhaft sei an dieser Stelle an die Dresdner Forderungen (https://www.it-planungsrat.de/fileadmin/it-planungsrat/der-it-planungsrat/fachkongress/fachkongress_2021/Tag_2_Kommunaleverwaltung_weiterdenken.pdf) erinnert, die von mehreren Städten unter Koordination des Deutschen Städtetags in den digitalpolitischen Diskurs eingebracht und in ihrer Grundphilosophie für das Onlinezugangsgesetz 2.0 (OZG 2.0) verwertet wurden. Für den Netzwerkaufbau geeignet sind insbesondere der Besuch und die aktive Mitwirkung an einer der zahlreichen Fachveranstaltungen, die Berichterstattung über eigene Projekte in einschlägigen Fachpublikationen oder der Beitritt zu bestehenden organisierten Netzwerken und fachlichen Arbeitsgruppen, insbesondere der kommunalen Spitzenverbände. Letztere sind generell eine sehr gute Anlaufstelle bei der Suche nach Best-Practice-Beispielen aus anderen Kommunen.

11.2 Verstetigung von Projektergebnissen

Wirklich erfolgreich ist die Arbeit von Digitalisierungsverantwortlichen erst dann, wenn eine dauerhafte Sicherung von Projektergebnissen über die Projekt- oder Förderlaufzeit hinaus gelingt. Erst dann sind öffentliche Finanzmittel, ob kommunale Eigenmittel oder Fördermittel des Landes oder des Bundes, aus volkswirtschaftlicher Sicht tatsächlich nachhaltig investiert worden. Es geht also um eine erfolgreiche Verstetigung von Ergebnissen aus Projekten einerseits sowie von Errungenschaften aus dem Prozess der Projektumsetzung andererseits. Letzteres umfasst insbesondere neue Methoden der Zusammenarbeit, organisationsstrukturelle Veränderungen oder den Aufbau neuer Kompetenzen innerhalb der Verwaltung. Nicht ohne Grund gilt die Verstetigung in der Projektarbeit als Königsdisziplin. In der Praxis gelingt es nur in wenigen Fällen beispielsweise neue Plattformen, Anwendungen oder Governance-Strukturen dauerhaft zu erhalten und weiterzuentwickeln. Häufig werden technische Produkte nach Projektende abgeschaltet, weil sich Projektverantwortliche nicht rechtzeitig Gedanken über geeignete Betriebsmodelle gemacht und das Produkt nicht entsprechend designt haben. Andernorts brechen mit dem Weggang von Projektpersonal die personellen Ressourcen zur Betreuung von Anwendungen, Plattformen oder Infrastruktur weg. In diesen Fällen ist es nicht gelungen, neue technische Lösungen in bestehende Strukturen zu integrieren. Auch Governance-Strukturen werden oftmals wieder zurückgebaut, weil sich Beteiligte nicht darüber im Klaren sind, dass

Digitalprojekte auch auf die Modernisierung von Verwaltung abzielen und deshalb Änderungen organisatorischer Art von Anfang an auf Dauer angelegt sein müssen. Es gibt also viele Gründe, warum Verstetigung nur selten gelingt.

Das Problem mit der Verstetigung ist, dass sie nicht nur projektbezogen betrachtet werden muss, sondern auch hoch individuell ist. Es gibt also weder eine Handlungsanleitung, Checkliste, Blaupause oder Ähnliches, die für jedes Projekt geeignet wäre. Noch können selbst für Projekte mit ähnlichen Merkmalen Empfehlungen ausgesprochen werden, die in jeder Kommune funktionieren. Es kommt stark auf den individuellen Ausgangspunkt und die örtlichen Rahmenbedingungen in der einzelnen Gemeinde an. Dennoch ist es möglich sich dem Thema Verstetigung generisch zu nähern. Über die Identifizierung der Voraussetzungen für erfolgreiche Verstetigung, von damit zusammenhängenden Herausforderungen und bereits in anderen Kommunen erfolgreich angewendeten Strategien, lassen sich zumindest Anhaltspunkte und Orientierung für das eigene Vorgehen gewinnen.

Zu den Voraussetzungen für eine erfolgreiche Verstetigung zählen insbesondere folgende Aspekte:

- **Akzeptanz:** Vor allem technische Lösungen benötigen zur Legitimation von Investitionen in den dauerhaften Betrieb eine breite Nutzerinnenbasis und damit Akzeptanz bei Anwenderinnen, Betroffenen, Beteiligten und Profitierenden. Gemeint sind an dieser Stelle insbesondere Vertreterinnen der Kommunalverwaltung, des Gemeinderats und der Bürgerschaft. Aspekte von Akzeptanz sind etwa IT- und Datensicherheit, Datenschutz, Nutzerinnenfreundlichkeit, Niedrigschwelligkeit, Zugänglichkeit und gegebenenfalls Bezahlbarkeit.
- **Mehrwert:** Das Projektergebnis muss im Vergleich zum Status quo einen echten Mehrwert schaffen, der bestenfalls qualitativer *und* quantitativer Art ist. Der qualitative Nutzen kann sich etwa in besseren Arbeitsergebnissen, einer höheren Arbeitsgüte oder besseren politischen Entscheidungen manifestieren. In quantitativer Hinsicht ist zunächst an Kosteneinsparungen und Effizienzgewinne zu denken. Gleichzeitig reicht die bloße Existenz eines Mehrwerts nicht aus. Dieser muss auch für Anwenderinnen, Betroffene, Beteiligte und Profitierende erkennbar sein, also gegebenenfalls durch geeignete kommunikative Maßnahmen gegenüber der Zielgruppe verdeutlicht werden.
- **Kommunalpolitische Erwünschtheit:** Ohne den kommunalpolitischen Willen aufseiten des Gemeinderats und der Verwaltungsspitze haben es Projektergebnisse schwer, auf Dauer zu überleben. Verstetigung bedeutet für Digitalisierungsverantwortliche also auch Überzeugungsarbeit bei den relevanten Entscheiderinnen.

- **Finanzierbarkeit:** Projektergebnisse müssen für die Kommune auf Dauer finanzierbar sein. An dieser Stelle sei nochmals an die bereits erwähnten alternativen Finanzierungswege wie Umlagefinanzierung, Spenden, Sponsoring, Crowdfunding oder Kostenteilung im Wege der interkommunalen Kooperation erinnert.
- **Integrierbarkeit:** Neue technologische Lösungen, veränderte Organisationsstrukturen ebenso wie neue Prozesse und Methoden müssen in bestehende technische Infrastruktur und in die Organisation integrierbar sein. In technischer Hinsicht ist etwa an Schnittstellen, Standards und Basisarchitekturen zu denken. Mit Blick auf die Organisation kommt es ganz entscheidend auch darauf an, inwiefern diese veränderungsbereit ist. Grundsätzlich hilft es, wenn eine kritische Masse an Verwaltungsmitarbeiterinnen und insbesondere an Führungskräften hinter der Veränderung steht.
- **Praktische Anwendbarkeit:** Die praktische Anwendbarkeit beschreibt diejenigen Aspekte von Anwendbarkeit, die nicht rechtlicher oder finanzieller Art sind. Vor allem geht es also um die Verfügbarkeit von qualifiziertem Personal, aber auch um die Mitwirkungsbereitschaft erforderlicher Umsetzungspartnerinnen. Die zentrale Frage lautet hier also: Sind alle Voraussetzungen gegeben, damit das Projektergebnis vor Ort nachhaltig praktisch angewendet werden kann?
- **Zukunftsfestigkeit und Zukunftsfähigkeit:** Zukunftsfestigkeit umfasst die Frage, wie lange eine neue Lösung voraussichtlich technisch, rechtlich, finanziell, organisatorisch und praktisch funktionieren wird? Es geht bei dieser Voraussetzung mithin um die Geschwindigkeit des technischen Fortschritts, die Dynamik der Regulierung, Einflüsse auf die Finanzierbarkeit oder die Veränderungsbereitschaft der Organisation. Unter dem Begriff der Zukunftsfähigkeit ist die Frage zu beantworten, inwiefern das Projektergebnis den Verantwortlichen dabei hilft, künftige Herausforderungen in der Gemeinde besser zu bewältigen.

Bei der Schaffung der vorstehend beschriebenen Voraussetzungen für eine erfolgreiche Verstetigung stellen sich unter anderem folgende Herausforderungen:

- **Beweisbarkeit:** Es reicht nicht aus, dass die beschriebenen Voraussetzungen für eine erfolgreiche Verstetigung „nur" vorliegen. Sie müssen auch beweisbar sein. Insbesondere wenn es um die Finanzierung geht, müssen etwa im Rahmen des Verfahrens der Haushaltsplanaufstellung Kosteneinsparungen und Effizienzgewinne anhand objektiver Kennzahlen nachgewiesen werden können. Vage Annahmen und nicht valide Prognosen helfen nicht weiter.

Die Beweislast liegt in der Regel bei der Digitalisierungsverantwortlichen beziehungsweise dem Smart-City-Team.

- **Beharrungskräfte und Not-invented-here-Syndrom:** Im Kontext der Schaffung von Akzeptanz und der Integrierbarkeit von Projektergebnissen in bestehende Strukturen stehen kommunale Digitalisierungsverantwortliche immer wieder vor der Herausforderung, dass interne Beharrungskräfte und das Not-invented-here-Syndrom, also die Ablehnung von außen an die eigene Organisationseinheit herangetragener Ideen und Lösungen, ihnen das Leben schwer machen. Speziell in bürokratischen Organisationen mit ausgeprägtem Zuständigkeitsdenken und Ressortegoismen wird alles, was nicht innerhalb des eigenen Silos erdacht und aufgebaut wurde, häufig als Bedrohung von außen empfunden. Abwehrreflexe sind die Folge. Zuweilen werden Smart-City-Teams oder verwaltungsinterne Digitalisierungseinheiten nicht einmal als Teil der Verwaltung, sondern als fremd und außenstehend wahrgenommen.

- **Querschnitthaftigkeit:** Der Querschnittscharakter von Smart-City- und Digitalprojekten passt nicht zur versäulten Organisationsform der Verwaltung. Auf Kooperationsersuchen zur Entwicklung eines Betriebsmodells oder zur Überprüfung der Integrierbarkeit in bestehende Strukturen, erhalten Digitalisierungsverantwortliche deshalb häufig zwei unterschiedliche Reaktionen: Entweder zeigen die angefragten Verwaltungseinheiten Desinteresse, weil sie sich nicht zuständig fühlen. Oder sie zeigen Verlustängste und Abwehrreflexe, weil sie sich in ihrer eigenen Zuständigkeit bedroht sehen. In beiden Fällen führt dies zu mangelnder Kooperationsbereitschaft bei der Verstetigung von Projektergebnissen.

- **Haushaltslogik:** Das kommunale Haushaltsrecht sowie alle Stellen und Personen, die mit der Überwachung seiner Einhaltung beauftragt sind, kennen und berücksichtigen ausschließlich direkte monetäre Kosten. Hingegen sind die Ergebnisse von Smart-City- und Digitalprojekten, etwa Emissionseinsparungen durch intermodale Mobilität, Demokratieförderung durch digitale Beteiligungsplattformen oder Steigerung der Lebensqualität durch datenbasierte Stadtplanung, mitunter nur schwer monetarisierbar. Positive externe Effekte sind nicht im Rahmen der geltenden Haushaltslogik abbildbar. Dies stellt eine große Herausforderung im Zusammenhang mit der Finanzierbarkeit von Betriebskosten dar.

- **Smart-City-Labeling:** In der öffentlichen Wahrnehmung sind Smart-City-Projekte nach wie vor häufig als nice-to-have gelabelt. Diese Etikettierung ist eine besondere Herausforderung für die Schaffung von Akzeptanz und erschwert es Digitalisierungsverantwortlichen, den Bezug der Projekte zu kommunalen Pflichtaufgaben oder Daseinsvorsorgeleistungen herzustellen.

- **Kurzfristiges Denken:** Eine Ausrollung projekthaft erprobter technischer Lösungen wird häufig unter Verweis auf die Notwendigkeit hoher finanzieller oder personeller Anfangsinvestitionen abgelehnt. Viele Entscheiderinnen berücksichtigen die in mittel- bis langfristiger Perspektive zu erwartenden Kosteneinsparungen und Effizienzsteigerungen nicht in ausreichendem Maße.

Nachfolgend werden einige bereits in der Kommunalpraxis erfolgreich angewendete Strategien zur Bewältigung dieser Herausforderungen dargestellt:

- **Komplizen-Taktik:** Eine wirksame Strategie zur Bewältigung von Beharrungskräften sowie des Not-invented-here-Syndroms ist die Komplizen-Taktik. Demzufolge sollten Maßnahmen von Beginn an als Kooperationsprojekte zwischen Digital-Teams und derjenigen Verwaltungseinheit aufgesetzt werden, die später für einen dauerhaften Betrieb vorgesehen ist. Es bietet sich dabei an, an vorhandene Probleme oder schon lange vorliegende Arbeitsaufträge dieser Verwaltungseinheit anzuknüpfen. Das heißt, Projekte sollten sich zuerst vorhandenen Schmerzpunkten der Verwaltung widmen, bevor andere Inspirationsquellen, wie die Ergebnisse von Bürgerinnenbeteiligungsverfahren oder Projekte anderer Kommunen, genutzt werden.
- **Laufendes Monitoring und Evaluation:** Bereits während der Projektumsetzung sollten ein laufendes Monitoring sowie eine kontinuierliche Evaluation der Maßnahmen insbesondere unter Gesichtspunkten von monetären Einsparungen und Effizienzgewinnen stattfinden. Relevant ist ferner die Erfassung der Ergebnisse und der Wirkung von Projekten (Output, Outcome, Impact) mithilfe geeigneter Indikatoren. Dieses Vorgehen erleichtert zum einen die Überzeugungsarbeit bei Entscheiderinnen und schafft zum anderen die Datengrundlage für Diskussionen im Zusammenhang mit der Finanzierbarkeit.

▶ **Praxistipp: Bei der Evaluation an den Smart Cities der ersten Stunde orientieren**
Aufgrund des erst wenige Jahre zurückliegenden Beginns der Smart-City-Bewegung in Deutschland, gibt es bisher noch nicht allzu viele gute Evaluationsansätze für Smart-City-Projekte. Die meisten smarten Städte und Gemeinden sind schlicht noch nicht so weit.
Wer sich also in Sachen Evaluationsmethodik an anderen Kommunen orientieren will, der muss sich an die Smart Cities der ersten Stunde halten. Zu dieser Gruppe zählt beispielsweise die Digitalstadt Darmstadt, die im Jahr 2017 den Bitkom-Wettbewerb „Digitale Stadt"

gewonnen und seitdem intensive Anstrengungen auf dem Weg zur Smart City unternommen hat.

In einem im April 2023 veröffentlichten White Book Smart City hat die Stadt Darmstadt exemplarisch einige ihrer Smart-City-Projekte evaluiert. Das White Book ist online kostenlos abrufbar: https://www.digitalstadt-darmstadt.de/wp-content/uploads/whitebook_digitalve rsion.pdf

- **Sichtbarkeit:** Wer überzeugen will, muss sichtbar sein, und zwar bei allen relevanten Akteurinnen. Eine gute zielgruppenspezifische Öffentlichkeitsarbeit, die intensive Beteiligung der Bürgerinnen, die physische Präsenz im Stadtbild und bei beliebten lokalen Veranstaltungen sowie eigene Formate für politische Entscheidungsträgerinnen in Gemeinderat und Verwaltung sorgen für Aufmerksamkeit.
- **Pflichtaufgaben, Daseinsvorsorge und Ziele der Gemeindeentwicklung in den Vordergrund stellen:** Solange Projekte mit Smart-City-Label noch als „nett, aber verzichtbar" konnotiert sind, sollte der Smart-City-Begriff in der Kommunikation entweder gar nicht, oder allenfalls als Randnotiz erwähnt werden. So schwer das mancher Digitalisierungsverantwortlichen auch fallen mag, der Begriff ist für die Verstetigung von Projektergebnissen nicht hilfreich. Stattdessen sollte der Bezug von Projekten zu kommunalen Pflichtaufgaben, zu Leistungen der Daseinsvorsorge sowie zu den Zielen der Gemeindeentwicklung in den Vordergrund gestellt werden. Die Botschaft, die dabei mitschwingen sollte, lautet: Digitale Technologien unterstützen die Gemeinde bei der Erfüllung ihrer gesetzlichen und freiwilligen Aufgaben ebenso wie bei der Erreichung ihrer lokalen Entwicklungsziele (Randnotiz: Die Fachwelt spricht in diesen Fällen von einer Smart City oder smarten Kommune).
- **Vertrauensaufbau:** Vertrauens- und Beziehungsarbeit zählen zu den wichtigsten Erfolgsfaktoren von Digitalisierungsprozessen. Sie spielen auch bei der Verstetigung von Projektergebnissen eine zentrale Rolle. Neue Technologien, unbekannte und ungewohnte Herangehensweisen oder moderne Methoden werden eher angenommen und akzeptiert, wenn sie mit einer als vertrauenswürdig bewerteten Einheit oder Person verknüpft werden. Vertrauen aufzubauen erfordert kontinuierliche Anstrengungen, kann mühsam sein und lange dauern. In der Regel muss zuerst einiges investiert werden, um Vertrauen zu gewinnen. Einen Vertrauensvorschuss erhalten nur wenige und in seltenen Ausnahmefällen. Eine solche „Investition" können beispielsweise kleine Hilfestellungen im (Arbeits)Alltag sein, etwa die Unterstützung von

Mandatsträgerinnen bei der Durchführung digitaler oder hybrider Gremien-
sitzungen, der Verleih von Technik an zivilgesellschaftliche Initiativen oder
lokale Vereine, eine niedrigschwellige Technikberatung von Verwaltungsmitarbeiterinnen zur ersten Orientierung oder die Herstellung von Sichtbarkeit
für lokale Netzwerke durch Einbeziehung in die eigene Öffentlichkeitsarbeit.
Die Art der Unterstützungsleistung ist abhängig von den Fähigkeiten und der
Ressourcenausstattung des Smart-City-Teams.

- **Einbeziehung vorhandener Strukturen:** Eine wichtige Rolle für die Verstetigung von Projektergebnissen spielen vor Ort bereits vorhandene und etablierte
Strukturen, Institutionen und Organisationen. Zu denken ist insbesondere an
kommunale Unternehmen, wie Stadtwerke, sowie kommunale und ehrenamt-
liche Initiativen, Vereine und Verbände. Die Verstetigung durch Strukturen
dieser Art setzt freilich voraus, dass sich das konkrete Projektergebnis
sinnvoll mit der jeweiligen Haupttätigkeit verbinden oder wirtschaftlich betreiben lässt beziehungsweise den unternehmenseigenen Leitlinien für soziale
Verantwortung dient.

11.3   Die eigene Rolle als Digitalisierungsverantwortliche gestalten

Ob ein kommunaler Digitalisierungsprozess erfolgreich ist oder nicht, steht und
fällt mit den Menschen, die ihn vorantreiben. Eine herausgehobene Stellung
kommt neben den Führungskräften auch der Digitalisierungsverantwortlichen
zu. Wie sie ihre Rolle definiert und ausfüllt, hat einen großen Einfluss auf
das Gelingen des Gesamtprozesses. Anders als etwa bei Bauamtsleiterinnen,
Personalsachbearbeiterinnen oder IT-Mitarbeiterinnen handelt es sich bei der
Digitalisierungsbeauftragten, der Digitallotsin, der Smart-City-Managerin, der
Digitalnavigatorin oder der Chief Digital Officer jedoch um eine neue Funk-
tion, für die es in der öffentlichen Verwaltung bislang keine Vorbilder oder
Blaupausen gibt. Vielerorts mussten in den vergangenen Jahren deshalb neue
Stellen-, Aufgaben- und Anforderungsprofile erarbeitet und in die vorhandene
Organisations- und Besoldungsstruktur eingeordnet werden. Dementsprechend
unterschiedlich sind die Aufgabenbereiche, Befugnisse, Kompetenzprofile, die
Vergütung und damit verbunden die Erwartungen, die an Digitalisierungsverantwortliche in den einzelnen Kommunen, Ämtern und Fachbereichen gestellt
werden.

Doch was kann, soll und muss eine Digitalisierungsverantwortliche für ihre
Verwaltung sein und leisten? Insbesondere wer die Funktion neu übernimmt,

sollte sich zu Beginn ausreichend Gedanken über die eigene Rolle machen und damit den nicht selten unrealistischen Vorstellungen, Erwartungen und Anforderungen anderer zuvorkommen. Persönliches Erwartungsmanagement ist vor allem bei unbekannten und neuen Funktionen wichtig, um nicht früher oder später an persönlichen oder fremdbestimmten Unerreichbarkeiten zu scheitern.

11.3.1 Den individuellen Handlungsspielraum bestimmen

Bei der Schärfung der Rolle muss zunächst entlang der organisatorischen Gestaltung differenziert werden. Es macht einen Unterschied, ob eine Smart-City-Managerin als Einzelkämpferin ohne personelle Unterstützung, mit geringen Befugnissen und ohne organisatorische Anbindung an andere Verwaltungseinheiten unterwegs ist, ob sie fest in einem etablierten Fachbereich verankert ist, oder ob sie gar auf ein eigenes (neues) Team zurückgreifen kann. Grundsätzlich lässt sich als Faustregel festhalten, dass der Umfang und die Vielfalt des Aufgabenspektrums mit der Ressourcenstärke, den Entscheidungskompetenzen und der Autonomie der Digitalisierungsverantwortlichen wachsen. Umgekehrt bleiben mit abnehmenden Ressourcen und Entscheidungsbefugnissen sowie starken Abhängigkeiten von anderen Verwaltungseinheiten oft nur noch koordinierende Tätigkeiten übrig. Abb. 11.2 stellt das denkbare Aufgabenspektrum einer Digitalisierungsverantwortlichen in Abhängigkeit von Entscheidungskompetenzen, Ressourcenverfügbarkeiten und Autonomie grafisch dar.

Schon aus Abb. 11.2 ist ersichtlich, dass zwischen den drei hier idealtypisch dargestellten Ausprägungen der Einzelkämpferin, der Verankerung in einem etablierten Fachbereich und der Leiterin eines neuen Digital-Teams eine Vielzahl von Zwischentönen und Schattierungen existiert. Ebenso kann in der Kommunalpraxis zwar regelmäßig eine Korrelation mit der Einwohnergrößenklasse der Gemeinde beobachtet werden. Diese ist jedoch nicht zwingend. Ausnahmen gibt es vor allem dann, wenn die Digitalisierung vor Ort zur kommunalpolitischen Priorität gemacht wird und/oder größere Förderungen im Spiel sind.

Wer sich als Einzelkämpferin verdingen muss, muss von allen denkbaren Varianten grundsätzlich mit den schlechtesten Ausgangsbedingungen zurechtkommen. Sofern hier keine Verbesserungen absehbar oder sonstige Strohhalme greifbar sind, wird der Weg steinig werden. Abhilfe können in diesen Situationen etwa in Aussicht stehende Förderungen, kommunalpolitische Weichenstellungen oder eine besondere Rückendeckung durch die Bürgermeisterin schaffen. Grundsätzlich müssen sich Einzelkämpferinnen auf diejenigen Tätigkeiten beschränken, die weitgehend ohne finanzielle und personelle Ressourcen auskommen. Darüber

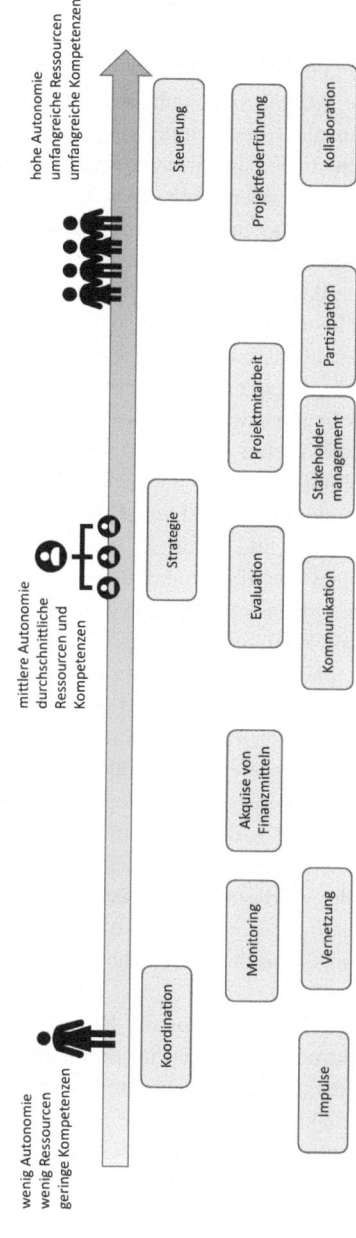

Abb. 11.2 Aufgabenspektrum einer Digitalisierungsverantwortlichen

hinaus sind sie bei all ihren Tätigkeiten vom Wohlwollen und der Mitwirkung anderer Fachbereiche und Akteurinnen abhängig, weil ihnen entsprechende
Zu- und Durchgriffsmöglichkeiten fehlen. Mehr als koordinierende, vernetzende,
bündelnde und überwachende Aufgaben können sie mit den ihnen zur Verfügung stehenden Möglichkeiten nicht übernehmen. Allenfalls können sie andere
Fachbereiche zu eigenen Projektideen inspirieren, sie auf neue technologische
Entwicklungen aufmerksam machen oder bereits laufende oder geplante Digitalisierungsvorhaben anderer Stellen bündeln und koordinieren. Die Benennung einer
Digitalisierungsverantwortlichen in der Ausprägung als Einzelkämpferin ist also
nur in denjenigen Fällen sinnvoll, wo es darum gehen soll, einen Überblick über
die einzelnen Projekte der Fachbereiche zu gewinnen, Parallelarbeiten zu vermeiden und Vorhaben aufeinander abzustimmen. Die Umsetzung eigener Projekte,
die Steuerung des Gesamtprozesses oder eine strategische Planung sind in diesen
Konstellationen hingegen regelmäßig nicht leistbar. Wer als Digitalisierungsverantwortliche eigene inhaltliche Akzente setzen und strategische Weichen stellen
möchte, der wird als Einzelkämpferin wahrscheinlich nicht glücklich werden.

Mehr Spielräume zur Gestaltung haben Digitalisierungsverantwortliche, die
Teil eines etablierten Fachbereichs und damit in feste Strukturen eingebunden
sind. Zwar kommt es auch hier auf die konkrete hierarchische Verortung an,
grundsätzlich stehen in diesen Konstellationen jedoch mehr Ressourcen und
Entscheidungskompetenzen zur Verfügung und es ist ein autonomeres Handeln
möglich. In der Regel kann die Digitalisierungsbeauftragte auf die Kapazitäten und Befugnisse ihres Fachbereichs zugreifen und auf die Unterstützung
ihrer Kolleginnen und Kollegen bauen. Herausforderungen entstehen oftmals erst
dort, wo Mitarbeit und Kooperationsbereitschaft anderer Ämter und Abteilungen
erforderlich sind. Kirchturmdenken, Ressortegoismen und das Not-invented-here-
Syndrom erschweren in vielen Fällen die Zusammenarbeit über Ämtergrenzen
hinweg. Zu den wichtigsten Aufgaben einer im Fachbereich verorteten Digitalisierungsverantwortlichen zählt es deshalb, geeignete Strukturen, Prozesse und
Methoden der verwaltungsinternen Kooperation zu etablieren. Digitalisierung
und Smart City müssen organisatorisch unübersehbar als Querschnittsaufgaben
ausgestaltet werden.

Ausgestattet mit Zugriffsmöglichkeiten auf die Ressourcen des Fachbereichs
fächert sich das Leistungsspektrum der Smart-City-Managerin in Richtung strategischer Planung, Stakeholdermanagement, Kommunikation, Partizipation bis hin
zur Mitarbeit in einzelnen Projekten auf. Im Vergleich zur Einzelkämpferin können aus dem Fachbereich heraus also mehr Querschnitts- bis hin zu operativen
Projektaufgaben übernommen werden. Obgleich sich der persönliche Handlungs-
und Gestaltungsspielraum damit also erheblich erweitert, wird er doch von

den innerhalb des Fachbereichs herrschenden Rahmenbedingungen begrenzt. Die Arbeit der Smart-City-Managerin unterliegt denselben Beschränkungen, insbesondere finanzieller, personeller und organisatorischer Art, wie die Tätigkeiten der übrigen Mitarbeitenden im Fachbereich. Auch in dieser Konstellation gilt es also klar auf die eigene Leistung begrenzenden Faktoren hinzuweisen.

Als fast paradiesischen Zustand könnte man die dritte idealtypische Ausprägung der Teamleiterin beschreiben. In der Kommunalpraxis ergibt sich diese Konstellation bisher fast ausschließlich im Zusammenhang mit der Umsetzung von Förderprojekten, die der Gemeinde den Einsatz von Projektpersonal und größere finanzielle Investitionen ermöglichen. Die Digitalisierungsverantwortliche ist dann Leiterin eines Teams bestehend aus Projektleiterinnen, Kommunikationsexpertinnen, Fördermittelmanagerinnen und weiteren benötigten Profilen. Darüber hinaus sind Smart-City-Teams dieser Art regelmäßig unabhängig und frei von den meisten formellen Zwängen der übrigen Fachbereiche. Sie sind häufig nicht in der Linie eingeordnet, sondern autonom, etwa als Projektbüro oder gar in einer eigenständigen Rechtsform organisiert. Mit dem Zugriff auf nicht unerhebliche finanzielle und personelle Ressourcen gehen jedoch regelmäßig hohe Erwartungen und Erfolgsdruck einher. Kommunalpolitik, Verwaltungsmitarbeitende, Bürgerinnen und Bürgermeisterin sehen darin ungewohnte Handlungs- und Gestaltungsspielräume. Nicht selten werden Smart-City-Teams auf diese Weise zur Projektionsfläche für Hoffnungen und Wünsche aller Art. Das anfängliche Paradies verliert dann schnell seine Leichtigkeit. Wichtig ist deshalb auch in diesen Fällen ein gutes Erwartungsmanagement. Denn Geld, Personal und Technologie alleine sind mitnichten die einzigen Komponenten eines Universalwerkzeugs, das jedes Problem lösen kann. Dazu braucht es mehr als das. Geld, Personal und Technologie alleine überwinden keine Ressortegoismen, hegen keine Beharrungskräfte ein, führen nicht zu konstruktiver Kooperation innerhalb der Verwaltung und mit verwaltungsexternen Akteurinnen und lösen keine gesamtgesellschaftlichen Probleme. Ganz gleich wie unabhängig ein Digital-Team organisiert sein mag, es operiert niemals im luftleeren Raum und kann sich deshalb nicht von allen Zwängen, Beschränkungen und Abhängigkeiten frei machen.

Grundsätzlich ermöglichen die in der idealtypischen Ausprägung der Teamleiterin beschriebenen Rahmenbedingungen jedoch ein breites Leistungsspektrum: Zusätzlich zu den bereits genannten Aufgaben ist nicht nur eine strategische Planung, sondern eine echte Steuerung des Digitalisierungsprozesses mit all seinen Einzelprojekten und Maßnahmen möglich. Die zur Verfügung stehenden Ressourcen ermöglichen es, aus Partizipation Kollaboration und aus Projektmitarbeit Projektfederführung zu machen. Die Smart-City-Verantwortliche hat damit die

Möglichkeit, eigene inhaltliche Schwerpunkte zu setzen, dem Gesamtprozess eine strategische Richtung zu geben und alle Beteiligten in diesem Sinne zu steuern. Wer etwas erreichen möchte, muss sich Rahmenbedingungen dieser Art suchen.

11.3.2 Digitalisierungsverantwortliche gesucht: Kompetenzen

Bleibt noch die Frage nach dem Kompetenzprofil der Digitalisierungsverantwortlichen zu klären. Die meisten zur Suche kommunaler CDOs, Digitalisierungsbeauftragter oder Smart-City-Magerinnen veröffentlichten Stellenausschreibungen konzentrieren sich auf Menschen mit technischem Hintergrund. Verwaltungs- oder Wirtschaftsinformatikerinnen oder eine vergleichbare Fachrichtung werden am häufigsten gesucht. Danach folgen wirtschafts- oder verwaltungswissenschaftliche Abschlüsse. Schon deutlich seltener sind Bewerberinnen mit Kenntnissen in der Organisationsgestaltung und speziell im Changemanagement oder Kommunikation gefragt. Selbstverständlich sind Kompetenzprofile immer vom konkreten Aufgabenspektrum und den Rahmenbedingungen in der jeweiligen Arbeitsumgebung, insbesondere der Vielfalt der im Team oder Fachbereich bereits vorhandenen Kompetenzen, abhängig. Dies machen bereits die vorangegangenen Ausführungen zu den möglichen Ausprägungen der Rolle der Digitalisierungsverantwortlichen deutlich. Dennoch lassen sich zum erforderlichen Kompetenzprofil ein paar generelle Hinweise geben.

Grundsätzlich sei davor gewarnt, Digitalisierungsbeauftragte oder Chief Digital Officer in einen Topf mit IT-Mitarbeitenden zu werfen. Digitalisierung und Smart City haben viel mit Technologie zu tun, dürfen jedoch nicht darauf reduziert werden. Vielmehr haben diese Themen vielfältige Facetten, die Kenntnisse und Fähigkeiten insbesondere in den Bereichen Organisation, Verwaltung, Technik, Recht, Führung und Kommunikation erfordern. Die Fokussierung auf Menschen mit technischem Hintergrund verkennt diese Vielfalt und birgt die Gefahr, dass auf jede Herausforderung des Digitalisierungsprozesses mit einer technischen Lösung zu antworten versucht wird. Es handelt sich dabei um eine auf Abraham Maslow (1966) und Abraham Kaplan (1964) zurückgehende und als „Gesetz des Instruments" oder „Maslows Hammer" bekannte kognitive Verzerrung. Demnach nutzen Menschen ihnen gut vertraute Vorgehensweisen auch in Situationen, in denen bessere Vorgehensweisen zur Verfügung stünden. Man spricht dann von einer übermäßigen Nutzung eines gewohnten Werkzeugs. Dieses Phänomen ist in der Digitalisierungspraxis häufig beobachtbar. (Noch mehr) Technik lautet dann die Antwort auf fast jedes Problem, wobei damit selbstverständlich nicht jeder Informatikerin blinde Technikliebe unterstellt werden soll. Wo innerhalb der Organisation IT-Kompetenz in notwendiger Qualität und Umfang vorhanden ist, ist diese in Person der Digitalisierungsverantwortlichen nicht zwingend erforderlich. Wichtiger sind vielmehr ein sehr gutes technisches Verständnis sowie Offenheit und Neugier, sich technische Themen anzueignen.

Weiterhin können Kenntnisse im Changemanagement, im agilen Projektmanagement ebenso wie rechtliche Kenntnisse relativ einfach und schnell erworben werden. In Abschn. 10.1 wurden exemplarisch geeignete Qualifizierungsprogramme genannt. Diese Kenntnisse müssen nicht zwingend bereits mit der Einstellung oder Berufung als Digitalisierungsverantwortliche vorliegen. Bei der Suche nach geeigneten Personen für die Stelle der Chief Digital Officer oder ähnlicher Stellenprofile sollte der Fokus deshalb vielmehr auf sozialen und personalen Fähigkeiten, Neigungen und Talenten ebenso wie auf Führungskompetenzen liegen, die erfolgreiche Digitalisierungsarbeit erst möglich machen und nicht oder kaum erlernbar sind. Die Praxis zeigt, dass Digitalisierungsverantwortliche dann besonders erfolgreich sind, wenn sie offen für Lernerfahrungen und neugierig auf neue Themen sind, andere begeistern und motivieren können, hartnäckig und unbequem sind, diplomatisches Geschick zeigen, eine hohe Frustrationstoleranz haben, kreativ und empathisch sind, die geheimen Mechanismen von Verwaltung kennen und für sich nutzen können sowie eine klare Vision davon haben, was sie mit ihrer Arbeit erreichen möchten. Diese Personen können Verwaltungsexpertinnen, Informatikerinnen, Betriebswirtschaftlerinnen, Rechtswissenschaftlerinnen, Kommunikationsfachfrauen, Städtebauerinnen, Sozialwissenschaftlerinnen sein oder viele andere fachliche Hintergründe haben. So viele Facetten die Digitalisierung hat, so bunt ist auch die Gemeinschaft derer, die sie zu gestalten in der Lage sind. Klar ist, dass einfache Stellenausschreibungen und klassische Einstellungsverfahren alleine kaum dabei helfen, Personen dieser Art zu finden. Kommunale Personalämter müssen sich künftig bei der Personalsuche mehr einfallen lassen als bunte Anzeigen und flotte Sprüche. Vor allem aber muss die Idealisierung klassischer Verwaltungsbiografien ein Ende finden.

11.3.3 Tipps und Tricks für die kommunale Digitalisierungsarbeit

Abschließend seien jeder Digitalisierungsverantwortlichen ein paar wichtige Hinweise zur Bewältigung von Problemen und Herausforderungen mitgegeben, die in der Digitalisierungsarbeit aufgrund ihrer Modernisierungswirkungen relativ häufiger auftreten als in anderen Arbeitsbereichen der Kommunalverwaltung. Die

Praxistipps basieren auf vielen Jahren Erfahrung bei der Begleitung und Gestaltung kommunaler Digitalisierungsprozesse und beziehen sich überwiegend auf zwischenmenschliche und politische Problemlagen, die sich in der Praxis als dominierend herauskristallisiert haben.

▶ **Praxistipps:Wenn es einmal haken sollte – Tipps für fast jedes Problem**

1) Am Ende der (sachlichen) Diskussion
Wenn mit Sachargumenten zum Gegenüber nicht mehr durchzudringen ist, findet die eigentliche Diskussion auch nicht (mehr) auf der fachlichen Ebene statt. Tatsächlich ergeben sich die mit großem Abstand meisten Probleme in der Digitalisierungsarbeit aus persönlichen Motiven des Gegenübers. Diffuse Ängste vor Macht-, Ansehens-, Reputations- und Bedeutungsverlust, Neid oder Missgunst stehen einer konstruktiven Zusammenarbeit und Offenheit gegenüber neuen Projekten häufig im Weg. Was in diesen Situationen nicht (mehr) hilft, sind weitere Sachargumente.

Die Bewältigung von Herausforderungen dieser Art gelingt meistens nur über den Aufbau von Vertrauen. Dafür wiederum gibt es eine Menge Psychologie-Ratgeber, aber kein Patentrezept. Digitalisierungsverantwortliche sollten ihre Anstrengungen jedenfalls nicht weiter auf die Stärkung ihrer Argumentationslinie konzentrieren. Effektiver ist in diesen Fällen die Identifizierung der versteckten Motivation des Gegenübers und der Bau von Brücken, über die der andere oder die andere gehen kann. Dieses Vorgehen dient im Übrigen auch der Selbstreflexion, denn Vertrauen ist keine Einbahnstraße.

2) Am Anfang war der Konflikt
Konflikte gibt es immer wieder. Unstimmigkeiten sind im Digitalisierungsalltag völlig normal und sollten weder dramatisiert noch ignoriert werden. Meinungsverschiedenheiten können sich mit anderen Verwaltungseinheiten, politischen Mandatsträgerinnen, externen Projektpartnerinnen und zahlreichen anderen Akteurinnen ergeben. Wichtig ist in diesen Fällen ein konstruktiver Umgang mit Konflikten. Das heißt: Immer professionell bleiben und die Eskalationshierarchie einhalten.

Professionelles Verhalten im Konfliktfall bedeutet niemals die fachliche Ebene zu verlassen und damit einhergehend die nötige Distanz zum Streitgegenstand und -partner zu wahren. Darüber hinaus muss die Lösung des Problems immer im Fokus stehen und darf nicht zugunsten persönlicher Ziele, wie Profilierungsstreben oder Besitz-standswahrung, in den Hintergrund geschoben werden.

Die grundsätzlich in jeder Organisation und in jeglichem berufli-chen Kontext informell existierende Eskalationshierarchie sieht für die Bewältigung von Konflikten grob folgende Maßnahmenreihenfolge vor:

a) *Miteinander reden:* Zahlreiche Konflikte ergeben sich aus harm-losen Missverständnissen und Fehlinterpretationen. Menschen reden aneinander vorbei oder übereinander statt miteinander. Zum Grundwissen Kommunikation zählt die sogenannte Sender-Empfänger-Perspektive, wonach sich eine Botschaft auf dem Weg von der Senderin zur Empfängerin verändern oder auch (teil-weise) verloren gehen kann. Meistens geschieht dies versehentlich und ohne böse Absicht. Missverständnisse dieser Art sind deshalb durch ein Gespräch zwischen den Konfliktparteien einfach aufzu-lösen. Der erste Schritt in der Eskalationshierarchie ist deshalb das Unterbreiten eines Gesprächsangebots.

b) *Neutrale Vermittlerinnen einschalten:* Wenn das Gespräch erfolglos geblieben ist und der Konflikt zwischen den Parteien nicht mehr direkt ausgeräumt werden kann, hilft die Hinzuziehung neutraler Vermittlerinnen. Dies sollte bestenfalls eine Person sein, die von dem Konflikt nicht unmittelbar betroffen, jedoch an der Streit-beilegung interessiert ist. Das kann eine Kollegin oder auch eine externe Akteurin sein. Die Unterstützung durch eine vermittelnde Person ist auch deshalb so wertvoll, weil sie den Parteien die Chance zur Einnahme der jeweils anderen Perspektive bietet.

Was zwischen Personen funktioniert, hilft übrigens auch zwi-schen Institutionen.

c) *Vorgesetzte hinzuziehen:* Im letzten Schritt der Eskalationshierar-chie erfolgt dann die Hinzuziehung von Vorgesetzten entlang der unterschiedlichen Hierarchiestufen. Jede Hierarchieebene bietet dabei erneut die Chance zur Lösung des Konflikts.

3) Politische Probleme innerhalb der Gemeindegrenzen
Dass Vertreterinnen aus Verwaltung und Gemeinderat miteinander um die besten Lösungen ringen, ist ein Zeichen lebendiger Demo-kratie und deshalb wünschenswert. Manchmal verhaken sich jedoch Debatten und entscheidungsreife Themen enden in Stillstand, der

für das weitere Vorankommen von Projekten schädlich ist. Auch in diesen Fällen kann auf die bereits unter Ziffer 2) beschriebene vermittelnde Instanz zurückgegriffen werden, wenn es den Parteien nicht mehr gelingt, ihre Meinungsverschiedenheiten im direkten Kontakt aufzulösen und notwendige Beschlüsse herbeizuführen.

Ein beliebtes Mittel sind Anhörungen externer Expertinnen im Gemeinderat. Häufig wird dann auf Vertreterinnen der kommunalen Spitzenverbände, von Ministerien, Universitäten, Hochschulen, Fachverbänden oder anderen Behörden zurückgegriffen. Fakten klingen aus dem Mund unbeteiligter Externer oftmals glaubwürdiger als im Vortrag durch Verwaltungsmitarbeitende, die oft der Befangenheit verdächtigt werden. Alternativ oder in Kombination mit einer Expertinnenanhörung besteht auch die Möglichkeit zur Einholung externer Gutachten oder die Beauftragung von Studien, Umfragen und Erhebungen. Auch die Präsentation vergleichbarer Projekte oder Vorgehensweisen durch Vertreterinnen anderer Kommunen im Gemeinderat kann Bedenken zerstreuen und Sorgen nehmen.

4) Politische und sonstige Probleme außerhalb der Gemeindegrenzen

Insbesondere dann, wenn für die lokale Digitalisierungsarbeit Fördermittel gewährt wurden, kommt es immer wieder zu unterschiedlichen Rechtsauffassungen oder sonstigen Herausforderungen im Umgang mit dem Fördermittelgeber auf Landes-, Bundes- oder gar EU-Ebene. Darüber hinaus sind Konstellationen denkbar, in denen auch die politische Gemengelage außerhalb der Gemeindegrenzen die Projektumsetzung vor Ort erschwert. Dies können insbesondere Aktivitäten des Landes-, Bundes- oder EU-Gesetzgebers oder generell das Verhalten einzelner Ministerien und Behörden bei der Umsetzung rechtlicher Vorgaben und politischer Leitlinien sein.

Wertvolle Unterstützerinnen können kommunale Digitalisierungsverantwortliche in solchen Fällen in ihren Landtags- und Bundestagsabgeordneten finden. Ausgestattet mit einem starken parlamentarischen Frage- und Informationsrecht ebenso wie einflussreichen persönlichen Netzwerken, haben Abgeordnete vielfältige Möglichkeiten zur Einwirkung auf die Regierung, einzelne Ministerien und die grundsätzliche Richtung politischer Debatten. Als Interessensvertreterinnen ihres Wahlkreises setzen sich Abgeordnete in Berlin oder der Landeshauptstadt politisch auch für ihre Kommunen ein. Vor der

Kontaktaufnahme mit der Abgeordneten sollte gleichwohl bedacht werden, dass es sich dabei um ein scharfes Schwert mit Abnutzungseffekt handelt. In der Eskalationshierarchie sollte dieser Schritt deshalb eher am Ende und nur in Fällen von großer Bedeutung für die Kommune gegangen werden.

5) Der Schrecken des weißen Blatt Papiers
Nicht jedes Mal, wenn eine Fragestellung, Vorgehensweise oder Problemlage das erste Mal in der eigenen Digitalisierungsarbeit auftritt, handelt es sich dabei auch tatsächlich um einen Präzedenzfall. Viel häufiger haben sich bereits andere Kommunen oder Organisationen bereits mit denselben oder ähnlichen Problemstellungen auseinandergesetzt, vergleichbare Projekte implementiert, erste Lösungsansätze entwickelt oder knifflige Fragen gelöst. Bevor viel Zeit und Mühe in die Lösung des vermeintlichen Präzedenzfalls investiert wird, lohnt es sich deshalb, zuerst in die Recherche vergleichbarer Fälle einzusteigen. Besonders hilfreich bei der Identifizierung geeigneter Kontakte sind die kommunalen Spitzenverbände, die in der Regel einen sehr guten Überblick über die Aktivitäten in anderen Kommunen desselben Bundeslands haben.

Darüber hinaus wurden durch Ministerien, Stiftungen und andere Akteure in den vergangenen Jahren einige hochwertige Recherchewerkzeuge für Digitalisierungsprojekte und Beratungsangebote aufgebaut. Beispielhaft sei auf folgende Angebote verwiesen:

- Die Bertelsmann Stiftung hat unter dem Titel „Smart Country" eine Sammlung guter Beispiele zu kommunalen Digitalisierungsprojekten aus kleineren, ländlich geprägten Gemeinden aufgebaut: https://www.bertelsmann-stiftung.de/de/unsere-projekte/smart-country/gute-beispiele
- Die vom Bundesministerium für Wohnen, Stadtentwicklung und Bauwesen im Rahmen des Programms „Modellprojekte Smart Cities" beauftragte Koordinierungs- und Transferstelle (KTS) bietet nicht geförderten Kommunen unter dem Titel „Start Smart" verschiedene Beratungsangebote wie Themenwerkstätten, Kick-off-Workshops oder Peer-Learnings: https://www.smart-city-dialog.de/modellprojekte/start-smart-wissenstransfer-und-vernetzung-fuer-kommunen

- Das Bundesministerium für Digitales und Verkehr (BMDV) betreibt eine Datenbank aller über das Programm mFUND geförderten Mobilitätsprojekte: https://bmdv.bund.de/SiteGlobals/Forms/Listen/ DE/mFUND-Projekte/mFUND-projekte_Formular.html?pageLocale= de&selectSort=commonSortDate_dt+desc

Literatur

Benz, I. (2023). *Zukunft smarte Kommune – Modellentwurf, Vorgehen und Handlungsempfehlungen für kleine Städte und Gemeinden.* Springer Fachmedien GmbH. https://doi.org/ 10.1007/978-3-658-40373-7.

Bundesinstitut für Bau-, Stadt- und Raumforschung (BBSR). (Hrsg.). (2022a). *Akteurskonstellationen in der digitalen Stadt: Ansätze zur Einbindung verwaltungsexterner Akteursgruppen in deutschen Smart-City-Vorhaben.* Bonn: BBSR-Online Publikation 25/ 2022.

Bundesinstitut für Bau-, Stadt- und Raumforschung (BBSR). (Hrsg.). (2022b). *Die digitale Stadt gestalten. Eine Handreichung für Kommunen.* Bonn.

Manville, C., Cochrane, G., Cave, J., Millard, J., Pederson, J., Thaarup, R., ... Kotterink, B. (2014). *Mapping smart cities in the EU.* European Parliament.

Newcombe, R. (2003). From client to project stakeholders: A stakeholder mapping approach. *Construction Management & Economics, 21*(8), 841–848.

Raffl, C., von Lucke, J., Müller, O., Zimmermann, H.-D., & vom Brocke, J. (2014). Handbuch für offene gesellschaftliche Innovation. Beiträge des Forschungsprojektes der Internationalen Bodensee-Hochschule „eSociety Bodensee 2020" zur offenen gesellschaftlichen Innovation. In J. von Lucke (Hrsg.), *TOGI-Schriftenreihe* (Bd. 11). epubli GmbH.

Nachwort

Am Ende dieses Buches ist es wichtig, noch einmal zusammenfassend festzuhalten, wo die Kommunen auf ihrem Weg in die digitale Zukunft heute stehen, warum kommunale Digitalisierungsverantwortliche tun was sie tun und warum jeder vor Ort aus dem Weg gerollte Stein für die Vision vom digitalen Staat wichtig ist.

Wer schon viele Jahre lang in der Fachcommunity unterwegs ist, unzählige Vorträge und Diskussionen zu den Herausforderungen der digitalen Transformation im öffentlichen Sektor gehört hat und vor Ort mit vielen desillusionierten Bürgermeisterinnen und Verwaltungsmitarbeitenden gesprochen hat, kommt nicht an dem Eindruck vorbei, dass sich über viele Jahre hinweg – alte Hasen sprechen bereits von Jahrzehnten – kaum etwas bewegt zu haben scheint. Die heute beschriebenen Probleme sehen denen von vor 20 Jahren zum Verwechseln ähnlich und der Rückstand zu anderen Staaten oder der Privatwirtschaft mutet mittlerweile wie ein Naturgesetz an. Es wird diskutiert über Föderalismus, fehlende politische Prioritäten, Standards und Schnittstellen, Finanzierung und Zuständigkeiten. Und während all diese wichtigen Debatten stattfinden, wird überwiegend still akzeptiert, dass Behörden aufgrund von Personalmangel und fehlender Digitalisierung ihre Aufgaben nicht mehr angemessen erfüllen (können), anspruchsberechtigte Bürgerinnen und Bürger in finanzielle Notlagen kommen und dem Standort Deutschland durch überbordende Bürokratie echte Wettbewerbsfähigkeit verloren geht. Das alles ist nicht nice-to-have. Das sind Grundlagen von Wohlstand, eines guten Lebens und einer starken Demokratie. Dafür arbeiten Digitalisierungsverantwortliche in den Städten und Gemeinden dieses Landes.

© Der/die Autor(en), exklusiv lizenziert an Springer Fachmedien Wiesbaden GmbH, ein Teil von Springer Nature 2023
I. Benz, *Smarte Kommune*, https://doi.org/10.1007/978-3-658-42888-4_12

Dabei sind sie Pioniere, die immer wieder vor neuen und unbekannten Fragen und Problemen stehen. Sie müssen sich langsam vortasten und auf Sicht fahren, wo sich ihre Kolleginnen und Kollegen in der Verwaltung auf jahrelang eingeübte Routinen verlassen können. Sie ecken an und sind unangenehm, wo man die Dinge schon immer so gemacht hat. Sie sind ungeduldig und hartnäckig, wo sich Neologismen wie „Wegverwalten" entwickelt haben. Sie sind die ersten einer neuen Generation von Verwaltungsmitarbeitenden, die eine realistische Chance haben zu erreichen, woran viele Reformen zuvor gescheitert sind: das System Verwaltung zu modernisieren.

Das ist die Vision hinter der Mission.

Dafür habe ich dieses Buch geschrieben.

Ich wünsche mir, dass es einen kleinen Beitrag zu dieser Vision leisten wird. Es soll all denjenigen eine Unterstützung in der täglichen Arbeit sein, die vor Ort in den Kommunen an digitalen Themen arbeiten. Ebenso soll es denjenigen helfen die kommunale Realität zu verstehen, die in übergeordneten Behörden der Länder und des Bundes ebenso wie in der Wissenschaft und der Wirtschaft an (Förder)Programmen, Handlungsempfehlungen und Produkten zur Unterstützung der kommunalen Digitalisierung arbeiten.

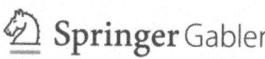

GPSR Compliance

The European Union's (EU) General Product Safety Regulation (GPSR) is a set of rules that requires consumer products to be safe and our obligations to ensure this.

If you have any concerns about our products, you can contact us on ProductSafety@springernature.com

In case Publisher is established outside the EU, the EU authorized representative is:

Springer Nature Customer Service Center GmbH
Europaplatz 3
69115 Heidelberg, Germany

The manufacturer's authorised representative in the EU is Springer
Nature Customer Service Centre GmbH, Europaplatz 3, 69115 Heidelberg,
Germany. If you have any concerns regarding our products, please
contact ProductSafety@springernature.com

Printed and bound by CPI Group (UK) Ltd, Croydon, CR0 4YY

28/04/2026

02098538-0011